LA GRAN COCINA
MEXICANA

200 platillos tradicionales

AGUILAR

AGUILAR

La gran cocina mexicana
D. R. © La Buena Estrella Ediciones, S.A. de C.V.
Amado Nervo 53-C, col Moderna
México 03510, D.F.

Licencia editorial para Santillana USA cortesía de:
La Buena Estrella Ediciones, S.A. de C.V.

© De esta edición:
2008, Santillana USA Publishing Company, Inc.
2105 NW 86th Avenue
Doral, FL 33122
(305) 591-9522
www.alfaguara.net

ISBN: 978-1-60396-251-3

Compilador: Armando Ayala Pliego
Chef: Nimo Neri Vallejos
Fotografía: Agustín Ramírez Estrella
Diseño Gráfico: Enrique Beltrán Brozon
Formación: Ana María Rojas Moreno
Corrección y redacción: Rafael Cervantes Aguilar
Coordinador: Antonio Hernández Estrella

Agradecimientos:

Aída Pliego Ramírez, Refugio Estrella Torres, Roberto Flores López,
Enrique Beltrán Gutiérrez, por las facilidades para realizar el libro.
Sara Elisa Valencia por el apoyo administrativo. Marco Rascón por la
asesoría técnica.

Presentación

El libro que usted tiene en sus manos reúne 200 recetas tradicionales de la cocina mexicana. El propósito fundamental es mostrar lo más valioso y rico de una tradición culinaria que se origina desde la época prehispánica y que se desarrolla a lo largo de la historia con la creación de platillos nuevos y la influencia de las cocinas europeas, norte y sudamericanas principalmente. En estas páginas se conjuntan platillos representativos de los 32 estados que conforman la República de México con explicaciones claras y fotos que permiten conocer la apariencia final del platillo o bebida. Para facilitar la consulta, las palabras poco comunes para quienes no son mexicanos se han marcado con un asterisco, lo cual indica que dicho vocablo tiene una explicación en el glosario o en el cuadro de equivalencias. Asimismo se incluye un directorio de tiendas que venden ingredientes para preparar platillos mexicanos, las cuales se enlistan por estado para mayor facilidad en su localización. Las proporciones de los ingredientes se presentan en kilogramos y libras, litros y onzas, centímetros y pulgadas, para que la elaboración se realice con las medidas con las que el usuario tenga mayor familiaridad. Cada receta cuenta con un texto breve de introducción para conocer más acerca de su origen y ubicación geográfica.

Con el objeto de facilitar la consulta, los capítulos se organizaron en orden alfabético. De este modo, se ofrecen arroces, aves, bebidas, carnes; dulces, postres, entradas, botanas y antojitos; especialidades, frijoles, huevos, pescados y mariscos; salsas picantes, sopas y caldos. Es muy importante señalar que las listas de recetas no coinciden con los tiempos para servir una comida. Por ejemplo, para los desayunos mexicanos las recetas que aplican son básicamente los huevos y algunas bebidas sin alcohol, aunque también se estila la ingesta de antojitos en un desayuno tardío que no equivale a lunch sino a brunch. Para organizar una buena comida mexicana, los tiempos se pueden ordenar de la siguiente manera:

Primer tiempo	Segundo tiempo	Tercer tiempo	Cuarto tiempo	Quinto tiempo
Bebidas	Arroces o ensaladas	Aves o carnes	Frijoles (opcional)	Dulces y postres en quinto tiempo solamente si se optó por frijoles
Entradas, botanas y antojitos, o sopas y caldos		o pescados, mariscos y especialidades		

Para la cena, se recomienda algo ligero y puede organizarse básicamente con una ensalada y una bebida, aunque en esto no hay reglas preestablecidas.

Para finalizar esta presentación podemos afirmar que esta obra se concibió para ofrecer un recetario ciento por ciento de cocina mexicana, pues ésta ha sufrido muchas modificaciones fuera de las fronteras de México, de tal forma que quien use este libro de referencia puede estar seguro que tendrá comida auténtica y disfrutará en su totalidad de los prodigios y bondades de esta tradición culinaria.

Índice

Presentación, 5

Arroces

Arroz con almejas al azafrán, 9
Arroz a la mexicana, 12
Arroz con brócoli, 13
Arroz con champiñones, 14
Arroz con elote, 15
Arroz blanco con platanos fritos 16
Arroz huerfano, 17
Arroz con mariscos, 18
Arroz fandango, 21
Arroz rojo con achiote, 22
Moros y cristianos, 23

Aves

Barbacoa de pollo, 26
Mixiotes de pollo, 27
Codorniz a la talla, 28
Gallina rellena estilo Zacatecas, 30
Mole verde, 33
Pechugas en salsa de piñón blanco, 34
Pollo a la cerveza, 35
Pipián de ajonjolí, 36
Pollo almendrado, 38
Pollo en leche, 39
Pollo en salsa chipotle, 39
Pollo encacahuatado, 40
Tinga de pollo, 41
Totol de Nochebuena, 42

Bebidas

Agua de jamaica, 46
Agua de alfalfa, 47
Agua de obispo, 47
Cerveza michelada, 48
Champurrado, 49
Chocolate a la mexicana, 50
Coctel margarita, 51
Horchata de coco, 52
Naranjada, 53
Ponche de ciruelas 54
Ponche de granada 54
Rompope 55
Sangría, 56
Sangrita, 56
Tepache, 57

Carnes

Alambre, 60
Albóndigas en salsa verde, 61
Barbacoa de borrego, 62
Birria, 64
Bisteces de res encebollados, 66
Bisteces de res en salsa pasilla, 67
Cabrito al pastor, 68
Carnitas, 69
Carne a la tampiqueña, 70
Cerdo entomatado, 71
Cochinita pibil, 72
Conejo a la parrilla, 73
Costillas de cerdo en salsa de chile morita, 74
Cuete mechado, 75
Conejo estofado, 76
Fajitas de cerdo, 78
Lengua de res en salsa roja, 80
Lomo con pimienta y mango, 81
Manitas de puerco, 82
Milanesa, 83
Menudo, 84
Mole de olla, 86
Picadillo, 87
Ropa vieja, 88
Tinga de res, 89

Dulces

Arroz con leche, 92
Buñuelos, 93
Cacahuates garapiñados, 94
Capirotada, 95
Chatines, 96
Chongos zamoranos, 96
Cocada, 97
Flan de vainilla, 98
Gorditas dulces, 99
Higos Coahuila, 100
Jamoncillo de cacahuate, 101
Jericalla, 102
Mangos flameados, 104
Merengues, 105
Natillas, 106
Pan de elote, 106
Pastel de tres leches, 107
Piña al tequila, 108
Plátanos al horno, 109
Polvorones de naranja, 110
Polvorones de cacahuate, 111

Entradas

Bocoles, 114
Chalupas de pollo, 115
Elotes asados o cocidos, 116
Entremés ranchero, 117
Esquites, 118
Gorditas de frijol, 119
Molletes caseros, 120
Picaditas caseras, 121
Picaditas veracruzanas, 122
Quesadillas, 123
Quesadillas de cáscara de papa, 124
Sincronizadas, 125
Sopes, 126
Tacos de suadero, 127

Tacos al pastor, 128
Tacos sudados, 130
Tlacoyos estilo Hidalgo, 131
Torta cubana, 132
Totopos, 133
Tostadas chiapanecas, 134
Tostadas de pata, 135

Especialidades

Budín azteca, 138
Chayotes al gratín, 139
Chicharrón en salsa verde, 140
Chilacas, 141
Chilaquiles, 142
Chiles rellenos, 144
Chiles en nogada, 146
Enchiladas mineras, 148
Enchiladas potosinas, 149
Enchiladas verdes, 150
Ensalada Nimo, 152
Ensalada de chayotes, 153
Euchepos, 153
Ensalada mexicana, 154
Ensalada de nopales, 155
Flautas, 156
Hojaldra yucateca, 158
Huauzontles, 160
Manchamanteles, 162
Mole poblano, 164
Nopalitos navegantes, 166
Papas chirrionas, 167
Pozole rojo de Jalisco, 168
Pozole blanco, 170
Pozole verde, 171
Rollo de aguacate con queso, 171
Romeritos, 173
Tortillas de maíz, 174
Tortitas de papa, 176
Tortitas de coliflor, 177

Frijoles y huevos

Enfrijoladas, 180
Frijol con puerco, 181

Frijoles de la olla, 182
Frijoles con manitas de puerco, 184
Frijoles charros, 185
Frijoles jarochos, 186
Frijoles refritos, 187
Ejotes con huevo, 188
Huevos a la canasta, 188
Huevos ahogados, 189
Huevos amarillos, 189
Huevos a la mexicana, 190
Huevos divorciados, 190
Huevos con migas, 191
Ensalada de huevos duros,192
Huevos motuleños 193
Huevos rancheros 194
Machaca con huevo 195

Pescados y mariscos

Bacalao dulce papanteco, 198
Bacalao a la veracruzana, 200
Camarones en cerveza y ajo, 202
Camarones rancheros, 203
Cebiche de pescado, 204
Croquetas de atún, 205
Empanadas de jaiba, 206
Huachinango a la naranja, 207
Milanesa de pescado 208
Pan de cazón, 209
Pescado a la veracruzana, 210
Pescado al mojo de ajo, 212
Pescado al perejil, 213
Robalo estilo Guerrero, 214
Vuelve a la vida, 215

Salsas

Chiles jalapeños, 218-219
Guacamole, 220
Pico de gallo, 221
Salsa de chile morita, 222
Salsa verde asada, 222
Salsa borracha, 223
Salsa de chile de árbol, 223

Salsa roja, 224
Salsa verde, 225

Sopas

Caldo de pescado, 228
Caldo de camarón, 229
Caldillo duranguense, 229
Caldo de Indianilla, 230
Caldo tlalpeño, 231
Chileatole, 232
Chilpachole de jaiba, 233
Coditos a la jardinera, 234
Consomé de borrego, 232
Consomé de pollo, 236
Consomé de res, 237
Sopa de acelgas, 238
Sopa de lentejas, 239
Sopa de tortilla, 240
Sopa de chile poblano, 241
Sopa de elote, 242
Sopa de fideos, 243
Sopa de papa, 243
Sopa fría de aguacate, 244
Sopa de hongos, 245
Sopa tarasca, 246

Equivalencias, 247

Glosario, 248

¿Dónde comprar?, 252

Arroces

Nunca falta el negrito en el arroz, es la mexicanísima expresión para ilustrar que nada es perfecto. Pero también es medida de las altas cuotas culinarias que se le exigen a quien cocine arroz: debe quedar tierno pero no deshecho, firme pero no duro; adecuadamente esponjado y pleno de sabor, grano por grano, sin ningún "negrito" que evidencie descuido o falta de pericia.

A menos, claro, que se trate de un arroz negro, porque en México este cereal —que, según cuentan, llegó al Nuevo Mundo en la mano de Colón— se pinta casi de arcoiris, con el verde que le otorga el tomate o el chile poblano, el rojo del jitomate o el achiote, el amarillo del azafrán, el ocre pálido de la canela y, por supuesto, su albo color original, según la receta. ¿Por qué tanto miramiento con un plato prácticamente consuetudinario? Acaso por su noble flexibilidad, que acompaña igual de bien un picoso guiso con carne que una frugal composición de vegetales, o que se sostiene por sí solo como una vianda completa. Acaso porque la memoria colectiva olvidó ya que es un extranjero del Lejano Oriente, el primer vegetal del Viejo Continente que se nutrió del suelo mexicano a instancias del capitán Hernán Cortés, y le ha concedido plena ciudadanía, al grado de que bien puede rivalizar con la noble tríada autóctona: maíz, frijol y chile.

Sea como sea, su inamovible feudo es el segundo tiempo de la comida tradicional mexicana, siempre después de la sopa aguada y antes del plato fuerte. Pero mimético como es, suele hacer incursiones en diversos caldos, ser una recurrente guarnición o incluso un delicioso postre o refrescante bebida.

Ojalá el lector se anime a hacer la prueba, y si consigue la hazaña de cocinarlo sin ningún "negrito" bien podrá exclamar con mexicanísima satisfacción: ¡Arroooz!

Arroces

Arroz con almejas al azafrán

⌛ 50 minutos
6 porciones

Este platillo suele encontrarse en los restaurantes de Campeche, ya sea con ostiones o con almejas, como aquí se presenta. Su peculiar sabor lo debe al azafrán, una especia que ya se usaba por lo menos desde 2 300 a.C., aunque no sólo en la cocina, sino también como medicamento y en ritos religiosos, o incluso para perfumar los teatros griegos.

440 gramos (1 lb) de arroz blanco
1 kilogramo (2 lbs) de almejas chicas
350 gramos (12 oz) de jitomate maduro*
30 gramos (1 oz) de cebolla
5 dientes de ajo
⅓ de taza de aceite de cártamo
¾ de litro (1 pt 9 oz) de agua tibia
3 cucharadas de agua caliente
1 pizca grande de azafrán
4 ramitas de perejil fresco
2 cucharadas de sal

🖋 Lave muy bien las almejas y pique el perejil. Remoje el azafrán en el agua caliente y el arroz en agua tibia durante unos 10 minutos.

🖋 Escurra el arroz y enjuáguelo con agua fría hasta que ésta corra clara; vuélvalo a escurrir hasta que pierda todo exceso de agua.

🖋 Licue el jitomate, la cebolla, el ajo y el azafrán en el agua en que remojó este último, hasta lograr una mezcla homogénea. No lave la licuadora.

🖋 Ponga una cazuela o cacerola a fuego medio y caliente el aceite.

🖋 Saltee el arroz hasta que quede ligeramente dorado, moviendo constantemente para que no se pegue.

🖋 Añada el jitomate molido haciéndolo pasar por una coladera para vertirlo sobre el arroz y cocine a fuego lento de seis a ocho minutos, moviendo ocasionalmente para mezclar los sabores. Ponga el agua tibia en la licuadora, póngala a funcionar y añada esta agua al arroz.

🖋 Suba el fuego para que empiece a hervir y, cuando lo haga, añada las almejas —desechando las que no se cierren al tocarlas—, el perejil y la sal.

🖋 Baje el fuego, revuelva una vez y tape. Cocine a fuego lento de 20 a 25 minutos hasta que el arroz se infle y las almejas se abran.

🖋 Sirva inmediatamente desechando las almejas que no se hayan abierto.

Arroz a la mexicana

⏳ *50 minutos*
4 porciones

El arroz a la mexicana es un clásico de la cocina cotidiana en el centro de México; hay hogares en los que se prepara prácticamente a diario y es imprescindible en cualquier restaurante. Suele servirse como segundo tiempo o, en una versión más sencilla, como guarnición de otros platos.

1 taza de arroz blanco
1 diente de ajo
¼ de cebolla
1 zanahoria
½ taza de chícharos
½ taza de granos de elote
2 chiles serranos*
½ litro (1 pt) de caldo de pollo
½ tasa de puré de tomate
½ taza de aceite
sal al gusto

✒ Remoje el arroz en agua tibia durante media hora, lávelo con agua fría y escúrralo perfectamente.

✒ Pique el ajo, la cebolla y los chiles. La zanahoria, córtela en cubitos. Reserve.

✒ En una cacerola, ponga el aceite a calentar y sofría el arroz, el ajo y la cebolla hasta que doren. Entonces agregue la zanahoria, los chícharos, los granos de elote, los chiles, el puré de tomate y el caldo.

✒ Cuando empiece a hervir, baje la llama a fuego lento y tape.

✒ Cocine hasta que el arroz se haya esponjado y el caldo se haya evaporado, pero sin que se pegue el arroz al fondo del recipiente.

Arroz con brócoli

Así como México ha dado diversos alimentos al mundo, su cocina nunca pierde la capacidad de integrar, a su modo, los más diversos productos culinarios de otras latitudes, como es el caso de esta sencilla receta con un vegetal del sur de Italia.

250 gramos (9 oz) de arroz blanco

¼ de cebolla

1 diente de ajo

3 cucharadas soperas de mantequilla

2 cucharadas soperas de aceite de oliva

½ litro (1 pt) de caldo de pollo

250 gramos (9 oz) de brócoli

100 gramos (3½ oz) de queso para gratinar de su preferencia

🖋 Corte el queso en rebanadas delgadas. Pique el ajo. Caliente el aceite de oliva en un sartén; acitrone la cebolla y el ajo, y añada el arroz para saltearlo hasta que esté transparente y suelto. Reserve.

🖋 En una cacerola, ponga a cocinar el caldo de pollo, la mantequilla y el brócoli a fuego vivo. Cuando empiece a hervir, añada el arroz, y baje la llama a fuego lento.

🖋 Cocine durante 20 minutos, hasta que el arroz se haya inflado y se haya evaporado el exceso de líquido

🖋 Retírelo del fuego, cúbralo con el queso y manténgalo tapado durante 10 minutos.

🖋 Cuando el queso se haya derretido, sirva.

Arroces

Arroz con champiñones

En México existen alrededor de 220 variedades de hongos comestibles, principalmente en Puebla, Jalisco, Morelos y Chiapas, pero para este platillo se utiliza el champiñón, que es el más conocido por cultivarse con fines comerciales y que suele exportarse a Estados Unidos.

1 taza de arroz blanco o integral
1 taza de champiñones
10 ramas de perejil fresco
¼ de cebolla
2 dientes de ajo
4 tazas de agua
aceite de maíz o de cártamo
chiles cuaresmeños* al gusto
sal al gusto

🌶 Remoje el arroz en agua tibia durante media hora, lávelo con agua fría y escúrralo perfectamente.

🌶 Rebane los champiñones y reserve. Licue el perejil, el ajo y la cebolla con una taza de agua y reserve.

🌶 En una cacerola, caliente aceite y fría el arroz hasta que esté transparente y suelto, quite el exceso de grasa. Añada la salsa que licuó y fría unos minutos.

🌶 Agregue sal, los chiles, los champiñones y tres tazas de agua. Tape la cacerola y deje cocer hasta que el arroz esté tierno y se haya evaporado el exceso de líquido.

Arroz con elote

La cocina mexicana suele usar el elote como legumbre debido a la suavidad de sus tejidos y a su alto contenido de humedad natural, lo que permite un tiempo breve de cocción y una textura sumamente tierna, que en este caso se complementa perfectamente con la gramínea asiática.

250 gramos (9 oz) de arroz blanco

¼ de cebolla

1 diente de ajo

3 cucharadas soperas de mantequilla

2 cucharadas soperas de aceite de oliva

½ litro (1 pt) de caldo de pollo

150 gramos (5 oz) de granos de elote

¼ de cucharada cafetera de pasta de achiote

6 cucharadas soperas de agua

✍ Disuelva el achiote en el agua. Pique el ajo. Caliente el aceite de oliva en un sartén; acitrone la cebolla y el ajo, y añada el arroz para saltearlo hasta que esté transparente y suelto. Reserve.

✍ En una cacerola, ponga a cocinar el caldo de pollo, el elote y la mantequilla a fuego vivo. Cuando empiece a hervir, añada el arroz y baje la llama a fuego lento.

✍ Cocine durante 20 minutos, hasta que el arroz se haya inflado y se haya evaporado el exceso de líquido.

✍ Retírelo del fuego, manténgalo tapado durante 10 minutos, destape y revuélvalo con un tenedor.

Arroz blanco con plátanos fritos

⌛ *40 minutos*
6 porciones

El plátano macho es uno de los ingredientes favoritos de la cocina de Veracruz, donde se le usa igual como postre que en platos fuertes; pero siempre cocido, asado, frito u horneado, pues crudo es indigesto. La combinación con arroz blanco es típica de ese estado, pero fuera de él a veces puede acompañar al arroz a la mexicana.

450 gramos (1 lb) de arroz blanco

1 cebolla mediana

2 dientes de ajo

1 chile jalapeño*

3 plátanos machos

sal al gusto

aceite de maíz o de cártamo

papel absorbente

🌶 Remoje el arroz en agua tibia durante 15 minutos, lávelo con agua fría y escúrralo perfectamente.

🌶 En una cacerola, caliente el aceite y fría el arroz hasta que suene. Luego, déjelo escurrir durante media hora y reserve el aceite. Regrese el arroz a la misma cacerola. Caliente cuatro tazas de agua.

🌶 Licue el ajo, la cebolla y el chile jalapeño* con ½ taza de agua fría; vierta la mezcla sobre el arroz. Agregue el agua caliente y sal al gusto; tape y ponga a cocer a fuego lento hasta que el arroz se haya inflado y se haya evaporado el exceso de líquido.

🌶 Mientras se cuece el arroz, pele los plátanos y córtelos en rebanadas de medio centímetro de espesor aproximadamente. El corte debe ser diagonal respecto al largo del fruto para que adquiera su forma característica. Fríalos en el aceite que guardó y escúrralos en papel absorbente. Sirva el arroz con las rebanadas de plátano encima o a un lado.

Arroz huérfano

⏳ *45 minutos*
4 porciones

El arroz se cultivó por primera hace más de 3,000 años en los ríos del suroeste de Asia, de donde viajó a la India, a Grecia, a Roma, a España y, cruzando la mar Océano, a México. Y a su paso por Coahuila sirvió para que la inventiva norteña creara este exquisito plato.

1 taza de arroz
8 tiras de tocino*
½ pimiento morrón
½ cebolla
2 ramas de apio
¼ de taza de nueces
¼ de taza de almendras
1 litro (¼ de gal) de caldo de pollo
pimienta al gusto
ajo en polvo al gusto
aceite de maíz o de cártamo
mantequilla

🌶 Cueza el arroz en el caldo de pollo y escúrralo. Reserve media taza del caldo en que coció el arroz.

🌶 Pique el pimiento, la cebolla, el apio, las nueces y las almendras. El tocino, córtelo en trozos pequeños, fríalo y agréguele el pimiento, la cebolla y el apio.

🌶 Enmantequille un platón para horno y coloque una capa con todo el arroz.

🌶 Ponga encima la mezcla

de cebolla, apio, pimiento y tocino, añada las nueces y las almendras. Sazone con ajo y pimienta.

🌶 Bañe con el caldo que reservó y meta al horno por cinco minutos.

Arroz con mariscos

⏳ *1 hora*
8 porciones

Este peculiar plato es descendiente del ilustre arroz a la tumbada, una preparación típica de Alvarado, Veracruz, en la que abundan los mariscos. Sin embargo, su creador, un imaginativo chef veracruzano avecindado en la Ciudad de México, prefiere el arroz seco al caldoso.

450 gramos (1 lb) de arroz

4 jitomates

3 cebollas grandes

8 dientes de ajo

8 camarones

8 langostinos

8 almejas chicas

2 ruedas de robalo

4 jaibas

24 ostiones sin concha

100 gramos (3½ oz) de pulpo

100 gramos (3½ oz) de hueva de pescado

1 kilogramo (2 lb) de cabeza de pescado

10 hojas de epazote

3 pimientas gordas

1 cucharada cafetera de azafrán

120 ml (4 oz) de aceite de oliva

aceite de maíz o de cártamo

chiles jalapeños*

sal al gusto

agua

🌶 Remoje el arroz en agua tibia durante media hora, lávelo con agua fría y escúrralo perfectamente.

🌶 Fría en aceite dos dientes de ajo machacados. Retírelos y en el mismo aceite fría el arroz.

🌶 Aparte fría cuidadosamente el pulpo troceado, las jaibas a la mitad, la hueva pelada, los ostiones, los langostinos y las almejas en ¼ de taza de aceite de oliva; agregue el epazote, una cebolla, seis jitomates y los chiles cortados en rodajas. Retire del fuego y reserve.

🌶 En el mismo aceite fría las ruedas de robalo.

🌶 Muela los demás jitomates junto con una cebolla y dos dientes de ajo. Sofría en el resto del aceite de oliva.

🖎 Cueza la cabeza de pescado en 2 litros (½ gal) de agua con la cebolla y los dientes de ajo restantes. Mientras, remoje el azafrán en media taza de agua caliente.

🖎 Cuando la cabeza esté cocida, retírela y cuele el caldo; agregue el arroz, la salsa de jitomate y el azafrán. Cocine a fuego medio y cuando el arroz esté casi cocido incorpore el sofrito, mezclando con cuidado para no desbaratar los mariscos.

Hay tres tipos de arroz:

De grano largo, que tiene una longitud media mayor a 6 mm.
Semilargo o medio tiene una longitud media entre 5.2 mm y 6 mm.
De grano redondo tiene una longitud media menor o igual a 5.2 mm.

Arroz fandango

⏳ *45 minutos*
8 porciones

Para los mexicanos, fandango quiere decir fiesta y sabor. Lo que en su origen fue sólo un baile español, al cruzar el mar se convirtió en tumultuosa celebración popular que se realiza sobre todo en Veracruz y Guerrero, en la que la música, el alcohol, el comercio, el erotismo y, por supuesto, la comida, dan vida a un peculiar ambiente que puede durar días.

600 gramos (1 lb 6 oz) de arroz blanco

90 gramos (3¼ oz) de granos de elote congelados o precocidos

500 mililitros (17 oz) de crema

250 ml (8½ oz) de leche

250 gramos (9 oz) de queso manchego

3 cucharas soperas de aceite de cártamo

½ cebolla blanca

4 chiles poblanos

½ cuchara cafetera de orégano* seco

sal al gusto

pimienta recién molida al gusto

🌶 Ase los chiles y vaya colocándolos en una servilleta de tela húmeda o en una bolsa de plástico para quitarles más fácilmente la piel. También quíteles las semillas y las venas*, y córtelos en tiras a lo largo (rajas). La cebolla, córtela en rebanadas delgadas.

🌶 Precaliente el horno a 165 °C (329 °F) y engrase un platón extendido para horno con capacidad para 1.5 litros (3 pt). Si puede usar una cazuela de barro, mejor.

🌶 En un sartén, caliente a fuego medio el aceite y acitrone la cebolla. Agregue las rajas y saltee durante unos 10 minutos, moviendo de vez en cuando. Retire del fuego.

🌶 En el platón para horno, extienda la mitad del arroz en una capa pareja. En la siguiente capa, añada la mitad de las rajas con cebolla y la mitad del elote; luego gotee la crema encima y rocíe con sal, pimienta y orégano.

🌶 Repita las capas con el arroz, las rajas, el elote y la crema restantes. Bañe con la leche de forma pareja y desmorone el queso encima.

🌶 Hornee durante 20 minutos o hasta que el queso forme burbujas. Sirva caliente.

Arroces

Arroz rojo con achiote

⏳ *45 minutos*
6 porciones

El achiote, derivado del árbol de achioto o *Bixa orellana*, es ampliamente apreciado en la industria alimentaria como colorante para diversos productos como el queso Cheddar, la margarina o el pescado ahumado, pero en su tierra de origen, el Sureste mexicano, se aprovecha el sutil sabor que tiene para elaborar diversos platillos.

450 gramos (1 lb) de arroz blanco

¾ de litro (25 oz) de caldo de pollo

1 cucharada sopera de pasta de achiote

350 gramos (12 oz) de jitomate* maduro

1 pimiento verde

75 gramos (2½ oz) de cebolla blanca

2 dientes de ajo

⅓ de taza de aceite de cártamo

10 a 12 ramitas de perejil fresco

sal al gusto

🌶 Pique unas cinco o seis ramitas de perejil. Ase el pimiento y colóquelo en una servilleta de tela húmeda o en una bolsa de plástico para quitarle más fácilmente la piel. También quítele las semillas y las venas*, y córtelo en tiras a lo largo (rajas).

🌶 Licue el jitomate, la cebolla y el ajo, añadiendo la pasta de achiote hasta lograr una mezcla homogénea. Luego pásela por una coladera.

🌶 En una cacerola gruesa, caliente el aceite a fuego medio y saltee el arroz, moviendo para que no se pegue, hasta que esté ligeramente dorado. Entonces, añada el jitomate con achiote y fríalo durante unos tres minutos, raspando ocasionalmente el fondo del recipiente, hasta que el puré se absorba.

🌶 Agregue el caldo, el pimiento, el perejil picado y la sal. Baje un poco la flama, tape y cocine durante unos 25 minutos hasta que el arroz se infle y se evapore el exceso de líquido.

🌶 Cuando el arroz esté casi cocido, retire la cacerola del fuego y déjela tapada durante 10 minutos; luego revuelva el arroz con un tenedor y sírvalo en un tazón caliente. Adorne con las ramitas de perejil restantes.

Moros y cristianos

⧗ 1 hora
6 porciones

Aunque Cuba ha vuelto ilustre este platillo, también es típico de la península de Yucatán, donde se le usa para acompañar platos fuertes. Asimismo se prepara en España, de donde tomó el nombre alusivo a las contiendas medievales entre árabes e hispanos.

500 gramos (1 lb) de frijoles negros*
2 dientes de ajo
1 cebolla
1 manojo de perejil
1 taza de arroz
1 hoja de laurel
2 cucharadas de aceite oliva
agua, la necesaria
sal al gusto

🌶 Una noche antes ponga a remojar los frijoles. (El agua debe rebasar unos dos o tres dedos el nivel de los frijoles.)

🌶 Al día siguiente cuézalos en un poco

de agua (sólo la suficiente para que no queden caldosos) con media cebolla, el laurel, un diente de ajo, un chorro de aceite y algo de sal.

🖊 Aparte ponga agua a hervir en una cacerola y agregue al arroz junto con el resto de la cebolla, un diente de ajo, una ramita de perejil, un chorrito de aceite y la sal al gusto. (El arroz debe quedar a la mitad del nivel del agua.)

🖊 Cuando el arroz esté cocido, escúrralo.

🖊 Coloque el arroz en una flanera o budinera; llene hasta el tope y presione.

🖊 Voltee el molde y ponga el arroz sobre una fuente o platón.

🖊 Vierta los frijoles cocidos y un poco de caldo, cuidando que el arroz no pierda su forma.

🖊 Adorne con las ramas de perejil sobrantes. También puede añadir rodajas de huevo duro.

Aves

Al parecer, el ave favorita de la cocina mexicana es el pollo. Casi siempre bañado de humeantes salsas, picantes, agrias o dulces, este noble animal hace las delicias de los comensales tanto en platos sencillos de la mesa diaria como en complejas alquimias destinadas a los días de fiesta.

De hecho, México es el cuarto productor mundial de este tipo de carne, en particular de las especies que proveen jugosa y abundante carne: Pavog Ross, Hybro, Cobb, Hubbard y Arbor Acres.

Y aunque la afición por este volátil es más bien mundial, en pocos lugares se encuentra tal diversidad de sazones, aliños y adobos para celebrar el mismo manjar, por lo que no es nada extraño que predomine en los recetarios regionales.

Y no obstante, en ocasiones realmente solemnes cede el paso a Su Majestad, el guajolote. Pavo, que le bautizaron los europeos.

En realidad, lo de guajolote también es inexacto, ya que en 1517, al arribar el español Francisco Hernández de Córdoba a Yucatán y preguntar por tan curiosa ave, le contestaron: huaxólotl, palabra más o menos impronunciable para el recién llegado.

Es a Hernán Cortés a quien le toca el mérito de enviarlo a Europa, después de recibirlo como uno de los regalos de Moctezuma. Y empieza su carrera triunfal, de modo que un siglo después era imprescindible en la mesa cortesana de Luis XIV, el Rey Sol. Pero la consagración vino de la pluma de

Charles Dickens, en su célebre Cuento de Navidad.

Turkey, por cierto, le llamaron los ingleses, creyendo que venía de Turquía, pero en el México rural aún es simplemente un pípilo, cócono o huilo. No importa; gracias a su inigualable sabor, sigue siendo el rey de las aves comestibles.

Hermanas menores de este señorón son las codornices, aunque de mayor significado ritual, lo que no es obstáculo para deleitarse con sus deliciosas carnes cocinadas en la mejor tradición mexicana.

Aves

Barbacoa de pollo

⏳ 4 horas
4 porciones

Michoacán, estado de donde es este platillo, significa "lugar o región de los pescados", dicen unos, o "estar junto al agua", dicen otros, pero su cocina no se mata a las etimologías y además de hacer uso de los productos acuáticos es una de las más variadas de México. Esta receta es un delicioso ejemplo.

1 pollo de 2½ a 3 kilogramos (5½ a 6½ lb) partido en cuartos

10 chiles guajillos*

5 dientes de ajo

1 cebolla mediana

1 pizca de comino

1 cucharada sopera de orégano

1 cucharada sopera de laurel

3 pimientas gordas

🌶 Ponga a remojar los chiles guajillos* durante 15 minutos para luego licuarlos junto con el ajo, la cebolla, las especias, la cerveza y un poco de sal. Cuando esté lista la salsa, meta el pollo en ella, asegurándose de que quede bien cubierto y déjelo reposar durante dos horas.

🌶 Haga una cama de hojas de plátano en la vaporera y meta el pollo y bañe con abundante salsa. Cocine durante hora y media hasta que la carne esté bien cocida.

🌶 Retire la salsa y cocínela a fuego lento en una cacerola hasta que espese un poquito. Vuelva a bañar el pollo con ella cuando sirva.

Mixiotes de pollo

⏳ *4 horas 10 m*
12 porciones

El mixiote se puede encontrar por todo México con múltiples variantes de salsa, condimentos y de carne, que puede ser de carnero, pollo, conejo, cerdo, res o pescado, aunque la constante es el uso de la hoja de maguey, de donde proviene su característico nombre.

12 piezas de pollo
100 gramos (3½ oz) de chile guajillo*
100 gramos (3½ oz) de chile ancho
1 cabeza de ajo
3 hojas de laurel
12 hojas de maguey para mixiote o, en su defecto, papel encerado para horno
manteca de cerdo
sal gruesa al gusto

🌶 Quite las semillas y las venas* a los chiles, póngalos a hervir y luego lícuelos con el ajo. Sazone con la sal y añada las hojas de laurel.

🌶 Troce las piezas de pollo, sumérjalas en la salsa de chile y déjelas macerar tres horas.

🌶 Si va a usar hojas de maguey, lávelas muy bien, escúrralas y séquelas. Si va a usar papel, corte cuadros.

🌶 Ponga en el centro de cada hoja una pieza de pollo y una cucharada cafetera de manteca. Tome las puntas de la hoja hacia el centro y amarre con una fibra de la misma hoja o con un hilo de fibra natural.

🌶 Ponga a cocer los envoltorios en una vaporera hasta que la carne esté muy suave. Sirva caliente en la misma hoja, sin abrir. Puede acompañar con arroz blanco y/o frijoles refritos.

Aves

Codorniz a la talla

⏳ *70 minutos*
12 porciones

Para los aztecas, la codorniz fue un ave muy preciada que se decapitaba con fines rituales. Más prácticos, los españoles alabaron a las codornices mexicanas por ser "tan grandes como las de Castilla, y de mejor comer porque tienen pechugas como de perdiz", a decir de fray Bernardino de Sahagún.

12 codornices de 125 gramos (4½ oz) cada una
60 gramos (2 oz) de mayonesa.
10 chiles guaji-llos*
1 kilogramo (2 lb) de jitomate
4 dientes de ajo
½ cebolla blanca
1 cucharada ca-fetera de vinagre de vino tinto
½ cucharada de tomillo seco, me-jorana seca y co-mino en polvo
60 gramos (2 oz) de mantequilla
¼ de litro (8½ oz) de agua
3 cucharadas so-peras de aceite de maíz o cártamo
sal
pimienta negra

🌶 Abra las codornices en forma de mariposa.

🌶 Mezcle la mayonesa, una cucha-rada sopera de aceite, una cucharada cafetera de sal y ½ cucharada cafetera de pimienta recién molida, y bañe las aves por ambos lados. Deje marinar una hora. Licue los jitomates y reserve.

🌶 Quite las semillas y las venas* de los chiles y póngalos a re-mojar en agua caliente durante 20 minutos. Escúrralos y licue con el agua, el vinagre, el ajo, la cebolla, el tomillo, la mejorana y el comino hasta obtener una consistencia homogénea.

🌶 Caliente la mantequilla y dos cucharadas soperas de aceite en un sartén. Fría la mezcla anterior y cuando empiece a her-vir incorpore el jitomate, haciéndolo pasar por una coladera. Al volver a hervir, tape y cocine a fuego lento hasta que la salsa espese, de 45 a minutos a una hora, moviendo de vez en cuando. Sazone con sal y pimienta.

🌶 Bañe las codornices con la mitad de esta salsa y deje marinar en el refrigera-dor al menos durante cuatro horas.

🌶 Engrase y caliente una parrilla. Ponga a asar las codornices, barnizando cons-tantemente con la salsa sobrante hasta obtener el término deseado.

Gallina rellena estilo Zacatecas

⏳ 7 horas 19 m
6 a 8 porciones

Curiosamente, la mayor cima del estado de Zacatecas, a 3,091 metros sobre el nivel del mar, es el cerro La Gallina y aunque abundan aves como las codornices común y pinta, o la paloma de collar y la torcaza, a la hora de una rica comida los zacatecanos prefieren las aves de corral.

1 pollo de 2 ½ a 3 kilogramos (5 lb 8 oz a 6 lb 8 oz)

½ litro (17 oz) de jerez seco

¼ de litro (8½ oz) de vinagre de vino blanco

1 cebolla blanca en rodajas y ½ picada

2 hojas de laurel

1 cucharada cafetera de pimienta en grano

½ cucharada cafetera de comino molido

2 cucharadas soperas de aceite de maíz o de cártamo

500 gramos (1 libra) de carne de cerdo molida magra

2 jitomates picados, sin piel y sin semillas

½ taza de aceitunas rellenas de pimiento picadas

½ manzana pelada y picada

½ taza de pasitas

75 gramos (2½ oz) de almendras blanqueadas y tostadas

🖋 Lave el pollo y séquelo.

🖋 Mezcle el jerez, el vinagre, las rodajas de cebolla, las hojas de laurel, los granos de pimienta y ¼ de cucharadita de comino. Deje reposar.

🖋 Ponga la mezcla en un tazón grande y agregue el pollo, dejándolo marinar de 6 a 8 horas y volteándolo de vez en cuando.

🖋 Aparte, ponga a calentar el aceite en un sartén a fuego bajo y saltee la carne de cerdo durante unos 5 minutos.

🖋 Retire la carne de la sartén y escúrrala.

🖋 Vierta 2 cucharadas de manteca en el sartén y saltee la cebolla picada hasta que se acitrone.

🖋 Añada los jitomates, la manzana, las pasitas, las almendras y las aceitunas; saltee otros 2 minutos.

🖋 Ponga esta mezcla en un tazón grande, incorpore la carne de puerco cocinada, los cubitos de pan y el huevo batido. Agregue caldo si el aderezo

Aves

2 rebanadas de pan francés o italiano ligeramente tostadas y cortadas en cubitos
1 huevo ligeramente batido
1 o 2 cucharadas de caldo de pollo, si es necesario
¼ de cucharada cafetera de pimienta molida
3 cucharadas de manteca o de mantequilla sin sal
6 u 8 hojas interiores de lechuga romana
8 rábanos rebanados
sal y pimienta recién molida al gusto

queda muy seco. Sazone con el comino, la canela, sal y pimienta.

✒ Precaliente el horno a 180 °C (356 °C).

✒ Saque el pollo del remojo y enjuáguelo.

✒ Hierva el líquido resultante en una cacerola chica y resérvelo.

✒ Frote el pollo con el resto de la manteca, por dentro y por fuera, y cúbralo por todos lados con sal y pimienta.

✒ Rellene flojamente el cuerpo y el pescuezo con el relleno caliente.

✒ Selle las aberturas, cosiendo la piel con aguja grande y cordón de cocina, o insertando palillos o brochetas.

✒ Doble las puntas de las alas debajo del ave.

✒ Amarre las patas con un cordón.

✒ Ponga el resto del relleno en un platón para horno ligeramente enmantequillado, tápelo y hornéelo de 10 a 15 minutos antes de que esté listo el pollo.

✒ Coloque el pollo en la parrilla del asador y áselo durante 10 minutos por cada lado, bañándolo con la mezcla de jerez y vinagre.

✒ Ponga el pollo con la pechuga hacia arriba y continúe cocinándolo y bañándolo frecuentemente hasta que al introducir un cuchillo en la articulación del muslo los jugos que escurran sean claros (70 minutos aproximadamente).

✒ Retire los cordones y quite las brochetas o los palillos. Saque el relleno y mézclelo en un tazón caliente con el relleno que horneó.

✒ Corte el pollo y póngalo en un platón, adornando con las hojas de lechuga y los rábanos.

✒ Para servir, bañe las raciones con los jugos que quedaron en el sartén, previamente colados, desgrasados y reducidos.

Mole verde

En una ancha franja del centro de México, que va de Guerrero, en la costa del Pacífico, a Veracruz, en la vertiente del Golfo, aún se recuerda este platillo por su nombre prehispánico: tlatonile. Y como sucede con muchas recetas tradicionales, con numerosas cuanto exquisitas variantes.

200 gramos (7 oz) de pepitas molidas sin sal

1.5 kilogramos (3 lb) de pollo

1 chile poblano*

3 ramitas de cilantro

2 ramitas de epazote

2 ramitas de perejil

2 hojas de lechuga (las más verdes)

3 hojitas de rábanos

2 ramas de espinacas o acelgas

3 dientes de ajo

¼ de cebolla

5 pimientas enteras

10 clavos de olor

3 rajitas de canela

6 o 7 tomates verdes*

chiles verdes al gusto

🌶 Cueza el pollo en 1½ litros (3 pt) de agua.

🌶 Quite las semillas y las venas* del chile y muela todos los ingredientes en crudo; primero las especias, que son las más duras, luego el chile y todo lo verde, menos la pepita molida.

🌶 Hierva los tomates y los chiles verdes para poder molerlos.

🌶 Sazone todo esto en poco aceite y revuelva todo hacia un mismo lado y una sola persona, porque se corta y se hacen grumos.

🌶 Aparte, disuelva la pepita verde en agua o consomé de pollo. Puede ser en la licuadora o a mano. Agregue a la mezcla anterior y sazone con sal.

🌶 Deje hervir hasta obtener la consistencia deseada. Puede incorporar el pollo o servir por separado, bañando el pollo con el mole en cada plato.

Pechugas en salsa de piñón blanco

⏳ *1hora*
4 porciones

En platos dulces o salados, el piñón es otro ingrediente infaltable en la cocina mexicana, ya sea en su variedad nacional, que se produce en los bosques de Hidalgo, Querétaro, Guanajuato, Zacatecas, Nuevo León, Durango, Coahuila y Chihuahua, o en la variedad importada, como en este caso, de tierras europeas.

8 pechugas de perdiz o 4 de pollo

250 gramos (9 oz) de piñón blanco

2 clavos de olor

2 pimientas gordas

1 cebolla mediana

2 dientes de ajo

2 chiles jalapeños

sal al gusto

aceite de maíz o de cártamo

papel absorbente

🌶 Licue la cebolla y el ajo con un poco de agua. Aparte, licue los chiles con otro poco de agua. Muela los piñones con los clavos y las pimientas.

🌶 Caliente aceite en una cacerola y fría la mezcla de cebolla, agregue los piñones y, por último, los chiles. Ponga sal al gusto y revuelva bien.

🌶 Cocine a fuego lento durante una media hora hasta obtener una salsa de consistencia espesa.

🌶 En un sartén, fría las pechugas hasta que estén doradas, escúrralas en el papel absorbente y póngalas en la salsa de piñón. Cocine a fuego regular hasta que etén suaves y bien cocidas. Sirva muy caliente.

Pollo a la cerveza

⏳ *45 minutos*
6 a 8 porciones

La cerveza es la bebida alcohólica más popular en tierras mexicanas, en especial bien fría durante la época de calor, cuando ayuda a soportar los rigores del clima. De ahí que su paso a la cocina fuera de lo más natural para prestar su inconfundible sabor a múltiples platillos.

1 pollo en piezas
1½ cebollas blancas
1 botella o lata de cerveza (350 mililitros) (12 oz)
1 diente de ajo
1 cucharada sopera de consomé de pollo en polvo
3 cucharadas soperas de aceite de oliva
hierbas de olor*
1 pizca de pimienta
pizca de sal

🌶 Pique finamente el ajo y mézclelo con la pimienta, la sal y dos cucharadas de aceite. Use esta mezcla para marinar el pollo.

🌶 Caliente una cacerola y, sin agregar aceite, fría el pollo hasta que dore. Entonces, agregue la cerveza, la yerbas de olor* y el consomé en polvo, y cocine a fuego lento durante 35 minutos.

🌶 Rebane finamente la cebolla, acitrónela* en una cucharada de aceite, moviendo constantemente.

🌶 Escurra el pollo, póngalo en un platón y cúbralo con la cebolla.

🌶 Antes de servir añada las aceitunas y las almendras de adorno. Puede acompañarlo con arroz blanco.

Aves

Pipián de ajonjolí

⌛ *50 minutos*
8 porciones

El pipián era una variante del mole, que se distinguía por prepararse precisamente con la semilla del pipián o ayote, una planta del sur de México; sin embargo, en la evolución culinaria se ha ganado un lugar propio como platillo aparte, originando incluso modalidades con base en otras semillas.

4 muslos de pollo

2 pechugas de pollo partidas a la mitad

4 jitomates* chicos maduros

2 chiles chipotles*, secos o enlatados en adobo

140 gramos (5 oz) de semillas de ajonjolí

2 cucharadas soperas de semillas de ajonjolí, para adorno

6 dientes de ajo (cuatro de ellos sin pelar)

1 cebolla blanca

1 raja de canela

90 mililitros (3 oz) de aceite de cártamo

2 litros (½ gal) de agua

sal

🌶 En una olla, ponga a hervir el agua. Añada los muslos, un cuarto de la cebolla, dos dientes de ajo pelados y una cucharada cafetera de sal.

🌶 Quite la espuma de la superficie, baje la flama a fuego medio, tape parcialmente y cocine durante 10 minutos. Agregue las medias pechugas. Hierva de nuevo y cocine otros 15 minutos.

🌶 Deje enfriar el pollo en el caldo, sáquelo, quítele la piel, deshuéselo y córtelo en trozos grandes. Cuele el caldo y quítele la grasa. Reserve.

🌶 Corte dos rebanadas gruesas de la cebolla que le quedó y áselas. También ase los cuatro dientes de ajo sin pelar y los jitomates.

🌶 Si va a usar chiles secos, áselos y póngalos a remojar en agua muy caliente durante 10 minutos; luego escúrralos.

🌶 Licue brevemente jitomates, cebolla y ajo en ½ litro (17 oz) de caldo; añada los chiles y licue hasta tener una mezcla homogénea.

🌶 Caliente un sartén grande a fuego medio y ase los 140 gramos (5 oz) de semillas de ajonjolí moviendo constantemente, durante un par de minutos, hasta que se doren.

🌶 Extiéndalas sobre un plato para que se enfríen y muélalas finamente en un molino para especias. También muela finamente la canela y revuélvala con el ajonjolí.

☛ Ponga el aceite en una cazuela grande de barro o refractaria, caliente a fuego medio-alto y cuando empiece a humear vierta la salsa de jitomate, baje la flama a fuego medio-bajo y cocine durante unos 10 minutos, revolviendo ocasionalmente, hasta que la mezcla se espese y cambie de color.

☛ Agregue el ajonjolí con la canela, ½ cucharada cafetera de sal y ½ litro (17 oz) de caldo; revuelva hasta lograr una mezcla homogénea.

☛ Añada el pollo y cocine a fuego lento de 10 a 15 minutos, hasta que el aceite suba a la superficie, revolviendo para evitar que la salsa se pegue. Si queda demasiado espesa, añada un poco más de caldo.

☛ Sirva el pollo bien cubierto de salsa y adorne con el ajonjolí que no molió.

Pollo almendrado

⏳ *40 minutos*
8 a 10 porciones

California, EU, es hoy el primer productor mundial de almendras, pero el cultivo de este fruto fue llevado a tierras californianas en los siglos XVI y XVII por los misioneros, quienes transportaron a lo largo de incontables kilómetros las semillas obtenidas de árboles oriundos de España y la zona central de México.

1 pollo mediano cortado en piezas más una pechuga entera

3 chiles anchos

125 gramos (4½ oz) de almendras peladas

100 gramos (3½ oz) de almendras peladas para adornar

4 jitomates

2 dientes de ajo

1 cebolla mediana

6 pimientas negras

3 clavos de olor

1 raja de canela

½ bolillo* o, en su defecto, 35 gramos (1 oz) de baguette o pan blanco similar

2 cucharadas de azúcar

1 litro (2 pt) de caldo de pollo

100 gramos (3½ oz) de aceitunas deshuesadas

sal al gusto

pimienta en polvo al gusto

aceite de maíz o de cártamo

✒ Ase los jitomates, quíteles la piel y las semillas, y resérvelos. Quite las semillas y las venas* a los chiles, y resérvelos.

✒ En una cazuela, de barro si es posible, caliente el aceite y fría las piezas de pollo. Póngales sal y pimienta, y cuide que no se doren demasiado.

✒ Saque el pollo de la cazuela y en la misma grasa fría los chiles, las almendras, los jitomates, el ajo, la cebolla, las pimientas, los clavos, la canela y el pan. A continuación licue todo junto; si es necesario use un poco de caldo.

✒ Regrese la mezcla a la cazuela y deje sazonar a fuego lento.

✒ Añada el pollo, el azúcar, el caldo y tape. Deje a fuego lento hasta que se cueza el pollo. El líquido debe quedar de semiespeso a espeso.

Pollo en leche

La leche de vaca en el Nuevo Mundo se constituyó en uno de los fundamentos de la cocina mestiza que surgió durante la Colonia, dando lugar —entre otras muchas recetas— al plato que aquí se presenta.

> 6 piernas o muslos de pollo
> 12 papas cambray
> 3 chiles poblanos
> 1 cebolla mediana
> 1 litro (¼ de gal) de leche entera
> 2 cucharadas soperas de salsa inglesa
> 2 cucharadas soperas de salsa de soya
> ½ cucharada sopera de harina de trigo
> 2 cucharadas soperas de mantequilla
> pimienta al gusto
> sal al gusto
> ⏳ 45 minutos
> 6 porciones

🌶 Ase los chiles, pélelos y quíteles las semillas y las venas;* luego córtelos en tiras (rajas). Disuelva muy bien la harina en la leche. Caliente la mantequilla en una cacerola y saltee el pollo y la cebolla.

🌶 Añada la leche y el resto de ingredientes.

🌶 Cuando empiece a hervir, baje la flama a fuego lento y cocine hasta que el pollo y las papas estén tiernas, y el caldo haya espesado un poco. Mueva de vez en cuando para que no se pegue al fondo.

Pollo en chipotle

El característico sabor del auténtico chipotle* resulta de ser ahumado con leña de nogal americano o mezquite, por lo que la elaboración en México de este antiquísimo producto se rige por exigentes normas.

> 1 pollo cortado en piezas
> ½ litro (17 oz) de caldo de pollo
> 2 ramas de epazote
> chile chipotle seco, al gusto
> aceite para freír
> sal y pimienta
> ⏳ 40 minutos
> 4 porciones

🌶 Lave bien el pollo y séquelo.

🌶 Sazónelo con sal y pimienta.

🌶 Quítele las semillas y las venas* al chile y lícuelo muy bien con un poco de caldo.

🌶 Caliente el aceite en una cacerola y fría los trozos de pollo hasta que se doren. Añada los chiles licuados, haciéndolos pasar por una coladera, y fríalos también.

🌶 Agregue el caldo, el epazote y la sal.

🌶 Cueza a fuego medio hasta que el pollo esté tierno y la salsa haya espesado un poco.

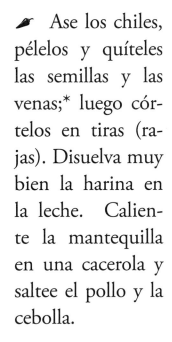

Aves

Pollo encacahuatado

⏳ *1 hora*
8 porciones

Este platillo proviene de la región hidalguense de Tula, la misma donde florecieran los toltecas, uno de los pueblos antiguos más refinados de Mesoamérica, refinamiento que ha trascendido, entre otras manifestaciones, en la cocina de sus descendientes.

4 muslos y 4 piernas de pollo (en total, unos 2 kilogramos (4 lb 8 oz)
1 kilogramo (2 lb) de jitomate*
200 gramos (7 oz) de cacahuates*
200 gramos (7 oz) de ajonjolí*
½ cebolla blanca
2 dientes de ajo
1 cucharada cafetera de comino
2 litros (½ gal) de agua
sal al gusto
aceite de maíz o de cártamo

🌶 Ponga a cocer el pollo en el agua, con la cebolla, el ajo y sal; cuando se haya cocido, deje enfriar y separe la carne del caldo. Ase y pele los jitomates. Reserve.

🌶 En un sartén unte aceite y saltee los cacahuates. En otro sartén o en un comal ase el ajonjolí hasta que esté ligeramente dorado. Luego, lícuelo con los jitomates, el comino y un poco de caldo.

🌶 Ponga aceite en una cacerola grande, caliente y sazone la salsa de cacahuate. Añada más caldo para obtener una consistencia cremosa. Cuando empiece a hervir, baje la flama a fuego lento.

🌶 Quite la piel a las piezas de pollo y sumérjalas en la salsa, rectifique la sal y deje hervir unos cinco minutos sin dejar de mover.

Tinga de pollo

Ingenieros químicos de Puebla aseguran que este plato forma parte del llamado "mercado de la nostalgia", es decir, los productos que más añoran los mexicanos que viven fuera de su país, por lo que investigan la manera de que resista largos viajes, cuando llegue, sepa y huela como recién cocinado.

2 pechugas de pollo medianas
150 gramos (5 oz) de longaniza
1 cebolla grande
2 jitomates*
½ litro (1 pt 1 oz) de agua.
¼ de cucharada cafetera de orégano
1 cucharada sopera de aceite
sal al gusto
pimienta al gusto
chile chipotle* al gusto

🌶 Cueza el pollo y desmenúcelo. También desmenuce la longaniza. Rebane la cebolla, pero reserve un trozo.

🌶 Ese trozo, lícuelo con el jitomate,* el ajo y sal.

🌶 Caliente el aceite en una cacerola y fría la longaniza durante 10 minutos.

🌶 Agregue la cebolla rebanada y deje que se acitrone*.

🌶 Incorpore la pechuga, el jitomate,* el orégano y los chipotles*.

🌶 Tape la cacerola, rectifique la sal y manténgala a fuego bajo durante 20 minutos.

Aves

Totol de Nochebuena

⏳ *4 horas 30 minutos*
8 a 12 porciones

El guajolote o totol, al que los europeos llamaron pavo por el parecido que le encontraron con el pavo real, se ha vuelto un convidado infaltable a la cena de Navidad en muchos países. Pero esta costumbre ya existía en México desde el siglo XVI, en especial adobado con una muy típica salsa picante.

1 guajolote (pavo) de 4 kilogramos (9 lb)

250 gramos (9 oz) de chile ancho

500 gramos (1 lb) de carne maciza de res

500 gramos (1 lb) de carne maciza de puerco

1 kilogramo (2 lb) de jitomates

200 gramos (7 oz) de aceitunas

200 gramos (7 oz) de almendras

100 gramos (3½ oz) de pasitas

1 copa de vino tinto o jerez

2 cebollas

10 dientes de ajo

4 pimientos

3 clavos de olor

1 pizca de comino

7 cucharadas soperas de manteca de cerdo

2 litros (½ gal) de agua

aceite de maíz o de cártamo

chiles jalapeños* al gusto

☛ Un día antes, pique el guajolote con un cuchillo por todos lados, úntelo por dentro y por fuera con ajo molido y sal.

☛ Déjelo macerar toda la noche.

☛ Al día siguiente, ase los chiles en un comal, quítele las semillas y las venas* y lícuelo con las pimientas y el clavo.

☛ Cuele la esta salsa y fríala en la manteca una media hora a fuego regular o hasta que espese; sazone con sal. Retire del fuego y úntela en el guajolote, pero reserve un poco.

☛ Hierva el agua con dos dientes de ajo y media cebolla.

☛ Agregue la carne de cerdo y de res; cuando esté cocida, apague y reserve el caldo.

☛ Pique la carne en cuadritos.

☛ También pique la cebolla y el ajo restantes, así como el jitomate y los chiles jalapeños.*

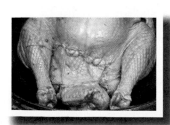

☛ En una cacerola gruesa, caliente aceite y fría la cebolla y el ajo hasta que acitronen*; entonces, agregue el jitomate y deje sazonar unos diez minutos a fuego lento.

☛ Añada la carne y cocine durante 15

| ajo molido al gusto |
| sal al gusto |

minutos más; luego ponga los chiles jalapeños, las aceitunas, las almendras y las pasitas. Sazone con sal y vierta la copa de vino.

✒ Rellene el guajolote con la mezcla anterior, cierre bien todos los agujeros y colóquelo en una pavera.

✒ Mezcle la porción de salsa de chile que reservó con el caldo de las carnes y vierta en la pavera. Tape.

✒ Caliente el horno a 200 °C (392 °F) y cocine el guajolote una media hora; entonces, baje la temperatura a 150 °C (302 °F) y hornee dos horas más o hasta que esté tierno.

✒ Báñelo constantemente con el caldo para evitar que se reseque.

Bebidas

Pocas cosas reflejan tan fielmente el gusto mexicano por lo dulce y aromático como sus bebidas. No es grato al paladar tradicional —a pesar del auge de hábitos saludables— el agua pura y simple; ha de combinarse, para que asiente bien al cuerpo, sobre todo con toda clase de frutas: naranjas, sandías, mangos, piñas, guayabas, melones, tunas, papayas y un larguísimo cuanto multicolor etcétera, lo mismo picadas que machacadas, hervidas, licuadas o fermentadas.

Eso sí, para calentarse o para refrescarse, siempre acompañadas de la omnipresente azúcar.

Aunque no sólo las frutas son objeto de este frenesí; se cuentan desde granos, como el cacao que convertido en chocolate no deja de triunfar por el mundo de generación en generación, hasta yerbas como la alfalfa, vegetales como el jitomate o flores como la jamaica y la rosa.

Inclusive la afición por el alcohol de fuerte sabor —tequila, ron, mezcal— se inclina a preferir lo espirituoso a lo seco y a combinarlo de múltiples maneras para lograr nuevos sabores y aromas. Costumbre, la del coctel, que de acuerdo con algunas leyendas nació en las costas del Golfo de México y el Caribe, merced a la presencia de los legendarios piratas.

Extraña excepción en este marco resulta la amarga cerveza, cuya presencia en el país se remonta a 1544, con la primera cervecería fundada por don Antonio Herrera por concesión real. Desde entonces, y siempre con una moderada graduación, no ha cesado de aumentar su popularidad hasta rebasar ampliamente las fronteras mexicanas. Pero aun la cerveza ha sido sujeto de experimentación culinaria.

Vayan, entonces, algunos de los más afortunados ejemplos de bebidas mexicanas para el disfrute del lector.

Agua de Jamaica

🕑 *5 minutos*
6 a 8 porciones

L a flor de Jamaica *(hibiscus sabdariffa)* es originaria del Sahel africano, pero se le conoce por ese nombre porque fue a la isla de Jamaica donde llegó por vez primera. De ahí fue introducida a México, Centroamérica y el Caribe.

1.5 litros (3 pt 3 oz) de agua

185 gramos (6 ½ onzas) de flores de Jamaica

1 naranja

125 gramos (4½ oz) de azúcar

2 cucharadas soperas de jugo de limón

🖋 Pele la naranja y reserve la cáscara. En una olla, ponga el agua, las flores de Jamaica y la cáscara de la naranja, y hierva por cinco minutos.

🖋 Vierta en un recipiente de cristal refractario y añada el azúcar; deje enfriar a temperatura ambiente.

🖋 Cuele y añada el jugo de limón. Tape y refrigere hasta por tres días.

Agua de alfalfa

⏳ 20 m
20 p

A pesar de la creciente industrialización de las bebidas, los mexicanos no pierden el gusto por las preparadas con ingredientes naturales, a las que llaman aguas frescas. La de alfalfa es una de las más solicitadas ya que además de su sabor, la herbolaria tradicional le atribuye propiedades medicinales.

1 manojo de alfalfa
2 limones
1 rebanada de piña* natural
azúcar al gusto
4 litros (1 gal) de agua

🌿 Ponga a enfriar el agua. Lave y desinfecte la alfalfa. Corte los limones en cuartos y la piña en trozos.

🌿 Licue todo, incluso el azúcar, en una parte del agua. Los limones deben ir con cáscara.

🌿 Añada la mezcla al resto del agua, haciéndola pasar por una coladera, y revuelva.

Agua de obispo

⏳ 15 m
10 p

No sería extraño que el cura José María Morelos, héroe de la Independencia de México, se hubiera deleitado más de una vez con esta bebida, pues era típica de los seminarios de Michoacán, donde se elaboraba con los productos de sus propias huertas.

2 litros (1/2 gal) de agua
250 gramos (9 oz) de betabel
2 hojas de lechuga orejona
1 manzana
1 plátano Tabasco*
1 naranja
azúcar al gusto

🌿 Pele el betabel y rállelo en crudo. Póngalo en el agua y deje reposar 15 minutos.

🌿 Pique finamente la lechuga. Pele y ralle la manzana. Pele y rebane fino el plátano. Pele y rebane en rodajas la naranja.

🌿 Añada todo lo anterior, con el azúcar y los cacahuates, al agua y revuelva. Sirva en copas de cristal.

Bebidas

Cerveza michelada

Hay quien atribuye el origen de esta singular manera de beber cerveza al tropical puerto de Acapulco, pero sea como sea, en la actualidad no hay región o ciudad mexicana donde esté ausente y en años recientes su popularidad ha empezado a rebasar fronteras.

1 botella de cerveza (350 mililitros) (1 pt 3½ oz)
60 gramos (2 oz) de sal
60 mililitros (2 oz) de jugo de limón
1 pizca de salsa inglesa
1 pizca de salsa de chile habanero
2 rebanadas de limón

🌶 Extienda la sal en un plato chico plano. Unte el borde de un vaso con la rebanada de limón y pónganlo boca abajo sobre la sal.

🌶 Ponga en el vaso cubos de hielo, el jugo de limón, la salsa inglesa y la de chile habanero.

🌶 Sirva la cerveza y adorne con otra rebanada de limón.

Champurrado

⏳ *30 minutos*
6 a 8 porción

El atole (del náhuatl *atolli*) es una bebida típicamene indígena de muchos diferentes sabores que aún sigue vigente en todo México. En su versión más auténtica debe prepararse a base de masa de maíz disuelta en agua, y cuando el sabor es de chocolate adquiere el nombre de champurrado.

200 gramos (7 oz) de maza de maíz
½ litro (8½ oz) de agua
1¼ litros (2 pt 8½ oz) de leche
270 gramos (9½ oz) de chocolate sin leche
azúcar al gusto

🌶 Disuelva muy bien la masa en el agua.

🌶 Ponga a calentar la leche y agregue la masa disuelta y el chocolate.

🌶 Cuando empiece a hervir, baje la flama a fuego lento y cocine, sin dejar de mover, durante 20 minutos.

🌶 Endúlcelo al gusto con el azúcar. Sirva caliente.

Chocolate a la mexicana

⧗ *15 minutos*
4 a 5 porciones

En México, una de las características más importantes del chocolate* es la abundancia de espuma, al grado que en muchas comunidades indígenas el prestigio de una muchacha casadera está asociado con lo alto que pueda levantar la espuma, ya que ello da idea de qué tan buena ama de casa será.

125 gramos (4½ oz) de chocolate* sin leche

¾ de litro (1 pt 8½ oz) de leche

¼ de litro (8½ oz) de agua

1 vaina de vainilla o ½ cucharada cafetera de esencia de vainilla

🌿 En una cacerola, ponga el agua con el chocolate.* Mientras calienta revuelva con una cuchara de manera que el chocolate se disuelva.

🌿 Cuando empiece hervir, añada la leche, agua y la vainilla, y hierva a fuego lento varios minutos.

🌿 Retire de la lumbre y quite la vaina. Con un batidor manual (el que se utiliza tradicionalmente es de madera, se llama molinillo* y es posible adquirirlo por Internet) bata vigorosamente hasta que se forme una capa gruesa de espuma; sirva inmediatamente en tazas, distribuyendo la espuma.

Coctel margarita

⧗ *3 minutos*
1 porción

Tal vez el coctel mexicano de mayor renombre internacional. Ciudad Juárez, Rosarito y Acapulco se disputan el honor de ser su cuna. En lo único en que coinciden es que fue inventado hacia finales de la Segunda Guerra Mundial y que una mujer tuvo algo que ver.

90 mililitros (3 oz) de tequila blanco, no reposado ni añejo

30 mililitros (1 oz) de Cointreau

30 mililitros (1 oz) de jugo de limón

1 taza de hielo picado

1 limón y sal

✍ Corte el limón en rodajas. Extienda una capa de sal sobre un plato plano y chico.

✍ Humedezca el borde de dos copas de boca ancha y pie largo con una rebanada de limón, y presiónelas boca abajo sobre la sal para que la orilla quede escarchada. Si es necesario, sacuda el exceso.

✍ Ponga el tequila, el Cointreau, el jugo de limón y el hielo.

El tequila blanco se obtiene después de la destilación. Pasa a las embotelladoras casi inmediatamente, permanece en barricas de encino unas horas o días, por lo que su sabor no varía. Alcanza una graduación de entre 38ºGL a 46ºGL.

Horchata de coco

⧗ *20 minutos*
10 porciones

El agua de horchata es una bebida sumamente popular entre los mexicanos, al grado de que en las fiestas patrias, junto con el agua de sandía y de limón, se usa para componer la bandera tricolor. No debe confundirse con la horchata de chufa y de almendra que se prepara en otros países, ya que en México se prepara a base de arroz y en esta receta se le da una nueva dimensión con el toque del coco tropical.

590 gramos (1 lb 4 oz) de arroz

30 gramos (1 oz) de rajas de canela, más rajas de 10 cm (4") para adorno (opcional)

1 litro (¼ de gal) de agua caliente

250 mililitros (8½ oz) de agua fría

15 almendras

420 mililitros (14 oz) de leche de coco enlatada

250 gramos (9 oz) de azúcar

1 cáscara de limón

Cubos de hielo

Ron blanco (opcional)

6 a 8 ramitos de menta fresca (opcional)

☛ Un día antes, pulverice el arroz con un molino para especias, quiebre las rajas de canela y mézclelos con el agua caliente en un tazón. Tape la mezcla y manténgala en refrigeración.

☛ Al otro día, ase ligeramente las almendras, pélelas y muélalas finamente. Añádalas, junto con la leche de coco, al agua de arroz. No la haga de una sola vez, sino por partes. Vaya licuando la mezcla hasta que esté homogénea, cuélela y póngala en una jarra.

☛ Mezcle el azúcar y la cáscara de limón con el agua fría y caliéntela a fuego lento hasta que se disuelva el azúcar. Deje enfriar, retire la cáscara y añada el jarabe a la jarra con el arroz, mezclando muy bien.

☛ Si quedó demasiado espesa, añada más agua. Tápela y refrigérela hasta que esté bien fría.

☛ Antes de servir, vuelva a revolver. En vasos altos ponga cubos de hielo y, si así lo desea, un chorrito de ron. Puede adornar cada vaso con una raja de canela y un ramito de menta.

Naranjada

Tras quinientos años de haber llegado a México, la naranja ha arraigado tan hondo en el suelo y el espíritu mexicanos que incluso se ha ganado un nombre en diversas lenguas indígenas: *alaxus*, en náhuatl; *laxus*, en totonaco; *arnancha*, en otomí; *wi*, en zapoteco, y *loxa*, en chinanteco.

1 litro (¼ de gal) de jugo de naranja natural

100 gramos (3½ oz) de azúcar

2 limones

cáscara de naranja

1 litro (¼ de gal) de agua mineral

hielo en cubos

🖋 Corte en tiras la cáscara de naranja y añádalas al jugo de naranja. Exprima los limones y agregue su jugo. Deje reposar media hora en el refrigerador* y cuele.

🖋 Mezcle con el agua mineral en una jarra.

🖋 Sirva en vasos. Si lo desea ponga cubos de hielo antes de servir.

🖋 Sirva de inmediato. Puede adornar con una rodaja de limón.

La naranja, además de muchas otras virtudes, ayuda a combatir el estreñimiento. Con sus hojas se preparan infusiones que tienen efecto sedante.

Ponche de granada

Uno de los escenarios más típicos para disfrutar esta bebida es la fiesta patronal de Santiago en Sahuayo, Michoacán, donde cada 25 de julio se representa una batalla entre moros y cristianos ganada por un milagro del santo. Celebración en la que el ponche de granada es de rigor.

3 granadas
1½ litro (3 pt) de agua
¼ de litro (8½ oz) de jarabe de granadina
¼ de litro (8 oz) de tequila
1 raja de canela
100 gramos (3½ oz) de cacahuate
⏳ 40 minutos
10 porciones

🌶 Desgrane las granadas y pique el cacahuate. Reserve.

🌶 Hierva el agua con el jarabe de granadina y el tequila.

🌶 En cada taza a servir, ponga un poco de cacahuate y de granos de granada. Vierta el ponche.

🌶 Puede tomarse caliente o dejarse enfriar.

Ponche de ciruelas

Este ponche es la bebida tradicional por excelencia para la temporada invernal en México, sobre todo en fiestas populares y reuniones familiares. Si se le añade tamarindo, guayaba, caña de azúcar y tecojote se convierte en ponche navideño.

12 ciruelas pasas sin hueso
1½ litro (3 pt) de agua
¼ de litro (8½ oz) de ron
1 pizca de canela en polvo
120 gramos (4 oz) de azúcar
2 naranjas
1 limón
⏳ 40 minutos
8 porciones

🌶 Exprima el limón y las naranjas. Reserve el jugo y un trozo pequeño de cáscara de naranja.

🌶 Hierva las ciruelas en el agua, a fuego lento, hasta que estén suaves; entonces, añada el resto de ingredientes y revuelva.

🌶 Espere un poco a que se integren los sabores y apague. Sirva caliente.

Rompope

⏳ 1 hora
8 porciones

Esta bebida de origen conventual tiene su antecedente en el ponche de huevo creado en el siglo XVII por las clarisas españolas. Según la tradición, fue una monja mestiza de nombre Eduviges quien llevó la receta a los conventos franciscanos de Puebla, donde no tardó en convertirse en una especialidad regional.

½ litro (1 pt) de leche

125 gramos (4 oz) de azúcar

60 mililitros (2 oz) de brandy, ron o alcohol de caña

6 huevos

1 raja de canela

1 pizca de bicarbonato de sodio

Hielo picado o en cubos

✒ En una cacerola, ponga la leche con el azúcar, la canela y el bicarbonato de sodio. Caliente, y cuando empiece a hervir baje la flama a fuego lento y cocine unos 20 minutos. Deje enfriar, cuele y deseche la canela.

✒ Separe las yemas de los huevos y bátala vigorosamente, o en la batidora eléctrica, hasta que espesen y adquieran un color amarillo limón. Sin dejar de batir, vierta lentamente la leche, ya fría, sobre las yemas.

✒ Ponga la mezcla en la cacerola y, sin dejar de mover, cocine hasta que se espese y se adhiera ligeramente al dorso de una cuchara de madera.

✒ Coloque un tazón de metal dentro de otro recipiente mayor y rodéelo con el hielo. Vierta el rompope y siga moviendo mientras incorpora el ron o brandy, poco a poco. Siga revolviendo hasta que se enfríe. Guarde en un envase hermético; refrigerado, se conserva aproximadamente un mes.

Sangría

⏳ *10 minutos*
8 porciones

El gusto español por el vino tinto nunca tuvo eco entre la mayoría de los mexicanos, salvo bajo la forma de un tipo de sangría sobria y con moderado contenido alcohólico, que se considera más bien una bebida refrescante y hasta terapéutica.

1 litro (¼ de gal) de agua o agua mineral
200 gramos (7 oz) de azúcar
4 limones
½ litro (1 pt) de vino tinto
hielo en cubos

🖋 Exprima los limones y mezcle bien su jugo con el azúcar. Deje reposar de cinco a 10 minutos.

🖋 Añada el vinto tinto y revuelva; después el agua y vuelva revolver.

🖋 Sirva en vasos altos con hielo.

Sangrita

⏳ *20 minutos*
8 porciones

Bebida que se usa para matizar el fuerte sabor del tequila. Fue inventada en un restaurante de Chapala, Jalisco, que a principios del siglo XX ofrecía rebanadas de naranja con chile y sal junto con el licor.

2 chiles de árbol
375 mililitros (12½ oz) de jugo de naranja
125 mililitros (4 oz) de jugo de tomate
2 cucharadas soperas de jugo de limón
¼ de cebolla blanca
1 cucharada cafetera de sal

🖋 Ase los chiles y quíteles las semillas; luego, póngalos a remojar en agua caliente, durante 15 minutos.

🖋 Escúrralos y píquelos con la cebolla. Lícuelos con la sal, el jugo de limón, el de naranja y el de tomate. Debe quedar una mezcla homogénea.

Tepache

⏳ 15 minutos y 3 días en la fermentación
24 porciones

El tepache es de origen náhuatl (*tepíatl* o *tepiatan*) y originalmente se preparaba con maíz, aunque hoy esta modalidad sólo se mantiene en algunas comunidades indígenas de Oaxaca, Guerrero, Puebla, Sonora y Veracruz. En el resto del país se elabora con diversas frutas, pero la más popular, con mucho, es la piña.

1 piña madura de 1½ kilogramos (3 lb) con cáscara
1 kilogramo (2 lb) de piloncillo*
2 rajas de canela
3 clavos de olor
3 pimientas gordas
4 litros (1 gal) de agua

🖊 Lave muy bien la piña, tras quitarle —si es el caso— la corona. Corte toda la cáscara y reserve. El fruto en sí puede comerse aparte o aprovecharlo para otras recetas.

🖊 Ponga en un recipiente de madera, barro o vidrio, el agua, las cáscaras, el piloncillo,* la canela, el clavo y la pimienta. Tape con una tela que permita la entrada de aire y deje reposar a una temperatura ambiente de 20 a 30 °C para que fermente. Generalmente, la fermentación tarda de 48 a 72 horas, pero después del primer día debe comprobar el líquido cada 12 horas para evitar que fermente en exceso. Si se deja fermentar de más se convierte en una bebida alcohólica y después en vinagre.

🖊 En su punto óptimo, el líquido debe tener un sabor fuerte, pero no francamente alcohólico ni mucho menos avinagrado. En este momento, cuele, enfríe con cubos de hielos y sirva.

🖊 El hielo diluye lo fuerte del sabor, pero si lo desea más suave puede rebajar aún más con agua simple.

Carnes

En materia de carnes, el mexicano es, de antiguo, plural. No discrimina, y lleva a la olla a casi cualquier bicho que no sea lo suficientemente rápido para escapar.

Aun dejando fuera aves y peces, en la variedad está el gusto. Tal lo descubren Bernal Díaz del Castillo en Tlatelolco y Diego Landa en Yucatán, quienes dejan constancia del consumo de conejos, liebres, venados y puercos de la tierra (jabalí), tortugas, iguanas y serpientes. Incluso, nos dice Bernardino de Sahagún "ay perros que se llaman tlalchichi, bajuelos y redondillos, que son muy buenos de comer [y] los topos de esta tierra son grandes: este animal es de comer, y sabroso, y muy gordo".

Con la llegada del cerdo, la res y el borrego se impusieron otros reales, pero nunca han eliminado del todo a las carnes autóctonas. Aun en medio del auge que tuvo la producción de carne vacuna para abastecer a los países que combatían contra Alemania, Italia y Japón, durante la Segunda Guerra Mundial, fue im-

posible crear un consumo monotemático.

Ni siquiera porque desde entonces los cortes de res mexicanos se cuentan entre los mejores del mundo. Claro, como en muchos países, se ha vuelto predominante, pero al mexicano le gusta la variedad.

Y no sólo en la carne, sino en su aderezo y preparación. Puede disfrutar de un tosco trozo asado a las brasas y apenas sazonado con sal, pero no le basta, y ha inventado moliendas, y salsas, y cocciones, y guarniciones, y mixturas innumerables que satisfagan su exigente paladar.

Quiera el lector disfrutar de esta corta muestra de tan curioso afán.

Carnes

Alambre

Producto típico de Sonora, uno de los estados con mayor producción de carne mexicana, su nombre alude a las brochetas con que solían prepararse, aunque al popularizarse en muchas otras ciudades ahora se elabora a la plancha o, incluso, en casa, en un sartén.

1 kilogramo (2 lb) de bisteces* de res
200 gramos (7 oz) de tocino*
250 gramos (9 oz) de queso Oaxaca* deshebrado
2 pimientos morrones verdes
½ cebolla cortada en rodajas
1 cucharada de salsa inglesa
aceite, el necesario para freír
sal y pimienta al gusto

☛ Quite las semillas a los pimientos. Córtelos con los bisteces y el tocino en cuadritos y fríalos en un poco de aceite.

☛ Ya que están cocidos, agrégueles la salsa inglesa, la cebolla, sal y pimienta. Déjelos sobre el fuego un minuto más.

☛ Por último, agregue el queso y tape para que gratine.

☛ Se sirve en tacos con tortillas de maíz y guacamole (ver receta) o su salsa preferida.

Albóndigas en salsa verde

⧗ *40 minutos*
6 a 8 porciones

Platillo de origen árabe, esta modalidad es típica de la ciudad de México e incluso ha dado lugar al dicho mexicano "salió más caro el caldo que las albóndigas" cuando algo secundario costó más tiempo, esfuerzos o recursos, o tuvo mayores consecuencias, que lo principal.

1 kilogramo (2 lb) de carne de res molida

500 gramos (1 lb) de tomates verdes*

5 huevos

125 gramos (4½ oz) de pan duro

2 cebollas blancas

2 dientes de ajo sin pelar

2 chiles chipotles en adobo

¼ de litro (8½ oz) de caldo de res o de pollo

60 mililitros (2 oz) de leche

1 manojo de cilantro fresco

½ cucharada cafetera de pimienta recién molida

sal al gusto

🌶 Ponga a remojar el pan en la leche. Pique una de las cebollas y el cilantro. Cueza tres de los huevos y córtelos en cubitos.

🌶 Parta la otra cebolla en cuartos y ásela. Ase los tomates y el ajo. Pele el ajo y lícuelo con la cebolla asada, los tomates, los chiles y el caldo hasta obtener una mezcla homogénea.

🌶 Caliéntela en una cacerola; cuando empiece a hervir baje la flama a fuego lento, sazone con sal y cocine unos 10 minutos.

🌶 Bata ligeramente los otros dos huevos y mézclelos con la carne, el pan remojado, la cebolla picada, cuatro cucharadas soperas de cilantro, la pimienta y sal. Tome una porción de esta pasta, aplánela, póngale unos cubitos de huevo y envuélvalos para formar una bola de unos 5 cm (2 pulgadas) de diámetro. Repita hasta terminar la pasta.

🌶 Coloque las albóndigas en la salsa y cocine entre 20 y 30 minutos, revolviendo de vez en vez. Si se reseca en exceso añada un poco más de caldo. Sirva y rocíe con el resto de cilantro picado.

Carnes

Barbacoa de borrego

⏳ *4 horas*
12 a 15 porciones

En México, el término barbacoa* no es, definitivamente, sinónimo de parrillada, sino que se refiere a la carne cocida en su propio jugo, al vapor, en un horno de tierra, o de modo similar. La más popular es la de borrego, que los domingos suele ser un almuerzo familiar.

1 pierna de cordero de 3 a 4 kilogramos (6 lb 8 oz a 8 lb 8 oz)

2 kilogramos (4 lb 8 oz) de costillas de cordero

250 gramos (9 oz) de garbanzos previamente remojados

1 kilogramo (2 lb) de zanahorias cortadas en cuadritos

6 hojas de laurel

10 dientes de ajo

10 tomates verdes* con cáscara partidos en cuatro

2 cucharadas de sal

1 cucharadita de pimienta

2 cebollas partidas en cuatro

4 litros (1 gal) de cerveza o agua

8 pencas de maguey asadas*

12 hojas de aguacate

6 chiles verdes (opcional)

🌶 En el fondo de una vaporera ponga el líquido, los garbanzos, las zanahorias, el laurel, el ajo, los tomates, las cebollas, los chiles, cuatro hojas de aguacate, sal y pimienta.

🌶 Sobre la rejilla coloque cuatro pencas de maguey. Encima ponga las carnes, alternando con hojas de aguacate.

🌶 Cubra con el resto de las pencas y tape el recipiente sellando la orilla con masa de maíz.

🌶 Ponga a fuego directo durante cuatro horas aproximadamente. Es clásico acompañar con salsa borracha (ver receta).

Carnes

Birria

Una señal de que se está arribando a Guadalajara, Jalisco, es el gran número de "birrierías" que aparecen a los lados de la carretera, en algunas de las cuales aún preparan este plato en ollas de barro enterradas, aunque muchas buscan opciones más modernas sin perder el sabor tradicional.

1.5 kilogramos (5 lb 8 oz) de lomo de carnero, sin el exceso de grasa
500 gramos (1 lb) de jitomate
8 chiles anchos
6 chiles guajillos
5 dientes de ajo sin pelar
¼ de litro (8½ oz) de vinagre blanco
2 cucharadas cafeteras de orégano seco
1 cucharada cafetera de canela en polvo
½ cucharada cafetera de comino molido
½ cucharada cafetera de pimienta recién molida
col al gusto
cebolla al gusto
limones al gusto
sal al gusto

✒ Un día antes, ase el ajo. Quite las semillas de los chiles y también áselos. Póngalos a hervir, retírelos del fuego y déjelos remojando en el agua caliente por 20 minutos hasta que estén suaves. Escúrralos.

✒ Pele los dientes de ajo y licuelos con el chile y el vinagre para obtener una mezcla homogénea. Añada la canela, el comino, la pimienta, una cucharada cafetera de orégano y una de sal, y licue de nuevo. Debe obtener una mezcla pastosa pero homogénea.

✒ Cubra la carne con esta pasta, tápela y refrigere toda la noche,

✒ Al día siguiente, precaliente el horno a 180 °C (356 °F) y coloque una rejilla en el fondo de una cacerola refractaria con tapa hermética. Ponga agua casi hasta el nivel de la rejilla y ponga la carne sobre ésta. Añada la pasta que se haya escurrido, cubra la cacerola con papel aluminio y póngale la tapa. Hornee durante tres horas.

✒ Ponga a hervir los jitomates y pélelos. Rebane finamente la col y pique la cebolla. Corte los limones en cuartos. Reserve.

✒ Saque la cacerola del horno y suba la temperatura a 190 °C (374 °F). Troce la carne, deshuésela, quite el exceso de grasa y póngala en una charola para horno. Dore la carne en el horno durante 15 minutos, volteándola al menos una vez.

☛ Vierta el caldo en una cacerola y quítele toda la grasa posible. Licue los jitomates, la otra cucharada cafetera de orégano y ¼ de litro del caldo. Vierta este puré en el resto del caldo y hierva a fuego lento durante 15 minutos. Rectifique la sal.

☛ Ponga raciones de carne en platos hondos y sirva el caldo. La col, la cebolla y los limones se presentan aparte para que los comensales se sirvan al gusto.

Carnes

Bisteces de res encebollados

Originalmente, la palabra bistec no era más la castellanización del corte vacuno conocido en inglés como beefsteak, es decir, filete. Sin embargo, para los mexicanos existe una diferencia importante: el bistec es más bien delgado, mientras que el filete es definitivamente grueso.

500 gramos (1 lb) de bisteces* de res
2 cebollas blancas
2 ramitas de cilantro
sal al gusto
pimienta al gusto
aceite de maíz o de cártamo
salsa picante

🌶 Corte cada bistec* a lo largo en dos o tres partes. Rebane las cebollas en rodajas. Pique el cilantro.

🌶 En un sartén ponga a calentar el aceite y fría la carne, sazonándola con sal y pimienta.

🌶 Cuando esté casi lista, añada la cebolla para que se acitrone. Debe quedar transparente y sólo ligeramente dorada.

🌶 Bañe con salsa picante al gusto y un puñadito de cilantro. Se come con tortillas de maíz.

Bisteces de res en salsa pasilla

⏳ *30 minutos*
8 porciones

Además de las indudables virtudes del chile pasilla* para hacer exquisitas salsas, solo o combinado, es un magnífico colorante de otros alimentos, como embutidos y huevos, e incluso es ingrediente de cierta clase de maquillaje femenino.

8 bisteces* de res
8 trozos de queso Chihuahua*
6 jitomates*
3 chiles pasilla*
½ cebolla
2 dientes de ajo
1 cucharada cafetera de albahaca
¼ de litro (8½ oz) de caldo de res
pimienta al gusto
sal al gusto
aceite de oliva

🌶 Unte los bisteces con aceite de oliva y espolvoréelos con sal y pimienta. Déjelos marinar al menos 10 minutos.

🌶 Ase la cebolla, los ajos y los chiles. A éstos, quíteles las semillas y las venas. Licue todo con los jitomates, la albahaca y el caldo hasta obtener una mezcla muy homogénea.

🌶 Enrolle cada bistec* alrededor de un trozo de queso y asegúrelos con un palillo. Caliente una cacerola y, sin añadir aceite, dórelos ligeramente.

🌶 Añada la salsa, haciéndola pasar por una coladera, y cuando hierva, rectifique la sal y baje la flama a fuego lento. Deje cocinar unos 20 minutos.

Carnes

Cabrito al pastor

⧗ *3 horas*
4 a 6 porciones

Aseguran los regiomontanos que quienes visitan su ciudad, Monterrey, y no prueban el cabrito, en realidad nunca estuvieron ahí. Y a pesar de su engañosa sencillez, en su modalidad al pastor es una delicia que debe mucho a la calidad aromática y el bajo contenido en grasas de esta carne.

1 cabrito lechal, es decir, menor de 40 días y que nunca haya comido hierba
agua abundante
sal
carbón y leña de mezquite o de otro tipo adecuada para ahumar
frijoles charros (ver receta)

🖎 Abra y lave muy bien el cabrito. Remójelo durante media hora en agua con sal.

🖎 Inserte una varilla metálica con uno de sus extremos aguzado a lo largo del espinazo y manténgalo abierto por medio de dos varas en cruz.

🖎 Encienda el carbón y la leña, y ponga a asar el cabrito. Cuide que el fuego no lo toque directamente y déle vuelta cada 20 minutos. Tarda de dos a tres horas en cocinarse.

🖎 Sirva las porciones acompañadas de frijoles charros y tortillas de harina.

Carnitas

⏳ 3 horas
8 porciones

Este platillo es originario de Michoacán, donde para su preparación se emplean enormes cazos de cobre, los cuales se fabrican artesanalmente en Santa Clara del Cobre. Sin embargo, su difusión por todo el territorio mexicano ha originado diversas variantes que se elaboran usando cazos de acero inoxidable.

2 kilogramos (4 lb 8 oz) de carne de cerdo de distintos cortes, al gusto; incluso, vísceras y partes de la cabeza

500 gramos (1 lb) de manteca de cerdo

350 mililitros (12 oz) de refresco de cola

¼ de litro (8½ oz) de agua

2 naranjas

3 dientes de ajo

1 cucharada sopera de pimienta negra en polvo

1½ cucharadas soperas de consomé en polvo

cebolla al gusto

cilantro al gusto

salsa picante al gusto

✒ Exprima el jugo de las naranjas y reserve. Quite el bagazo de las cáscaras y reserve éstas. Pique finamente el ajo.

✒ Unte la carne con la pimienta, el consomé en polvo y el ajo.

✒ En un cazo o cacerola grande, caliente la manteca y fría la carne hasta que se dore. Agregue el refresco, el agua, el jugo y las cáscaras de naranja, moviendo constantemente para que no se pegue hasta que la carne esté bien cocida.

✒ Pique la cebolla y el cilantro. Sirva la carne bien caliente acompañada de tortillas —si es posible recién hechas—, la salsa, la cebolla y el cilantro para que los comensales se sirvan al gusto.

Carnes

Carne a la tampiqueña

Debe México esta receta a don José Inés Loredo, quien fuera soldado de la Revolución Mexicana, alcalde del puerto de Tampico y afamado restaurantero en la Ciudad de México y que supo traducir la tradición gastronómica en un platillo que se ha vuelto parte de la identidad nacional.

6 filetes de res
400 gramos (14 onzas) de frijoles refritos (ver receta)
120 mililitros (4 onzas) de leche
100 gramos (3½ onzas) de queso rallado
250 gramos (9 onzas) de arroz
sal y pimienta
1 cucharadita de

🌶 Lave muy bien el arroz hasta que el agua quede transparente. Cuézalo en medio litro de agua, agregando el consomé y un poco de sal. Déjelo a fuego lento durante 15 minutos.

🌶 Caliente aceite en una sartén y fría un pedazo de cebolla. Agregue los frijoles y la leche. Deje sazonar a fuego lento durante 5 minutos.

🌶 Salpimente los filetes por ambos lados.

🌶 Caliente un poco de aceite en una sartén y ponga los filetes a freír por ambos lados al término deseado.

🌶 En un plato grande ponga una enchilada, una porción de chilacas, un filete, una cucharada de guacamole y una de frijoles adornados con el queso y los totopitos.

Cerdo entomatado

⧗ *1 hora 30 minutos*
6 porciones

El verde de su salsa no debería sorprender, pues por su origen (del náhuatl tomatl) la palabra tomate debe usarse propiamente sólo para la variedad verde y pequeña, exclusiva de México, y no confundirse con el jitomate, rojo y grande, que significa "tomate de ombligo" (de xictli y tomatl).)

1 kilogramo (2 lb) de lomo o pierna de cerdo en trozos
1 kilogramo (2 lb) de tomates verdes*
3 chiles anchos*
1 diente de ajo
1 cebolla pequeña
aceite o manteca
sal y pimienta al gusto

🌶 Quite la semillas y las venas* a los chiles y córtelos en tiras (rajas). Pique finamente la cebolla y el ajo, y parta en trozos los tomates.

🌶 Caliente el aceite en una olla y saltee el ajo y la cebolla.

🌶 Agregue los trozos de carne y dórela ligeramente hasta sellarla.

🌶 Añada sal y pimienta. Incorpore los tomates, los chiles y un poco de agua.

🌶 Cueza durante 60 minutos hasta que la carne esté suave.

🌶 Sírvala bañada con la salsa de tomate.

Carnes

Cochinita pibil

⏳ *2 horas*
4 a 6 porciones

Es el plato más famoso de Yucatán, casi totalmente de origen prehispánico; los mayas ya horneaban con achiote distintas carnes, entre ellas la de jabalí, por lo que resultó casi natural sustituirlo con cerdo doméstico, a lo que se hizo el afortunado añadido de la naranja europea.

1 kilogramo (2 lb) de carne de cerdo (maciza y sin hueso)
½ litro (1 pt) de jugo de naranja
½ barra de pasta de achiote*
1 cebolla blanca
1 cebolla morada
8 chiles habaneros*
120 mililitros (4 oz) de jugo de limón
hojas de plátano* o papel para hornear
pimienta al gusto
sal al gusto

🌶 Forre un molde con las hojas de plátano, o el papel, y ponga la carne.

🌶 Licue el jugo de naranja, el achiote, la cebolla, sal y pimienta.

🌶 Rocíe la carne con esta salsa y deje reposar 12 horas.

🌶 Ponga en el horno dos horas a 190 °C (375 °F).

🌶 Mientras, rebane la cebolla morada y los chiles habaneros; póngalos en un recipiente y báñelos con el jugo de limón.

🌶 Sazónelos con sal y pimienta y déjelos macerar.

🌶 Sirva acompañado de arroz, frijoles, cebolla morada y chiles habaneros.

Conejo a la parrilla

Entre los antiguos habitantes de Mesoamérica, el conejo (tochtli) era el dios de la ebriedad, era uno de los veinte signos del calendario ritual y era el principal habitante de la luna, pero también un apreciado manjar que, no obstante, no se criaba sino que se cazaba.

2 conejos tiernos de granja
½ litro (1 pt) de aceite de oliva
6 dientes de ajo pelados
sal
16 hojas de lechuga
4 jitomates medianos y firmes
2 pimientos medianos (verdes o morrones)
aceitunas al gusto

✒ Machaque los ajos en un mortero junto con la sal. Añada poco a poco el aceite y siga batiendo hasta obtener una salsa espesa (alioli, o ajoaceite).

✒ Corte los conejos en cuartos y sazone con sal y unas gotas de aceite.

✒ Póngalos en una parrilla y áselos a fuego lento durante 20 o 25 minutos por cada lado. (Puede rociar hojas de tomillo u orégano seco de tal manera que una parte caiga en las brasas y se queme, produciendo un humo que aromatizará la carne.)

✒ Retire los conejos de la parrilla, colóquelos en una fuente y bañe con la salsa alioli.

✒ Como guarnición, puede usar una ensalada de lechuga, jitomate y pimiento en rodajas y aceitunas.

Carnes

Costillas de cerdo en salsa de chile morita

Las costillas de cerdo son casi una golosina, más que un platillo, para los mexicanos, quienes gustan de aderezarlas con salsas que pueden ir desde una roja común y corriente hasta un sofisticada de chipotle y miel de abeja. El chile morita es una opción intermedia.

2.5 kilogramos (5 lb 8 oz) de costillas de cerdo
1 chile morita*
5 jitomates
¼ de cebolla
1 diente de ajo
sal al gusto
aceitunas al gusto

⏳ 1 hora
8 a 10 porciones

✐ Ponga a hervir el chile, la cebolla y el diente de ajo hasta que el chile se suavice. Licue con el agua de la cocción y sal al gusto.

✐ Salpimente las costillas y báñelas con la salsa de chile morita. Deje macerar una hora.

✐ Precaliente el horno a 180 °C (356 °F).

✐ Coloque las costillas en un refractario tapado con papel aluminio y hornee durante 40 minutos.

✐ Retire el papel aluminio y deje dorar las costillas.

Cuete mechado

⏳ *1 hora 30 minutos*
4 a 6 porciones

Hermano menor de platos de fama mundial como el mole y los chiles en nogada, también oriundos de Puebla, no es menos grato al paladar, sobre todo por las "mechas" de embutido y verdura que le dan su peculiar nombre.

1 kilogramo (2 lb) de cuete* de res
4 rebanadas gruesas de tocino
1 zanahoria
1 cebolla
2 dientes de ajo
120 mililitros (4 oz) de vinagre
aceite para freír
sal y pimienta

🌶 Haga incisiones en la carne, profundas y estrechas.

🌶 Corte el tocino y la zanahoria en trozos pequeños y rellene con éstos los huecos en la carne.

🌶 Ya relleno, fría el cuete hasta que dore por todos lados.

🌶 Agregue suficiente agua y cueza con los ajos, la cebolla, el vinagre, sal y pimienta, durante el tiempo que sea necesario para que esté muy suave.

🌶 Ya cocido y frío, rebánelo y sirva acompañado de ensalada o verduras cocidas. Si desea, además del tocino y la zanahoria, también puede usar papa, cacahuates, almendras y algunas especias para mechar el cuete.

75

Carnes

Conejo estofado

⏳ *1 hora 30 minutos*
4 porciones

México posee 14 especies diferentes de conejos y liebres, prácticamente comestibles todas, pero el llamado castellano es el conejo silvestre más común en nuestro país y el que sigue haciendo las delicias de cazadores y campesinos, aunque la mayor parte de la demanda se satisface con el conejo doméstico.

1 conejo de 1 kilogramo (2 lb) en trozos

el hígado del conejo

250 gramos (9 oz) de champiñones.

2 pimientos verdes

1 jitomate* grande

2 papas* medianas

350 mililitros (12 oz) de caldo de pollo

350 mililitros (12 oz) de vino blanco.

1 cucharada sopera de almendras

1 rebanada de pan

2 dientes de ajo

1 pizca de hierbas de olor*

aceite de maíz o de cártamo

pimienta al gusto

sal al gusto

🖋 Quite las semillas de los pimientos y córtelos en cuadritos. Pique el jitomate.

🖋 Tueste las almendras en un comal o sartén sin aceite. Fría el pan.

🖋 En una cacerola ponga a calentar suficiente aceite y ahoge ligeramente el hígado. Reserve el aceite en la cacerola y muela el hígado con el pan, las almendras y uno de los dientes de ajo. Mejor si puede hacerlo en un molcajete; si no, en un mortero o, incluso, en la picadora.

🖋 En el mismo aceite, ponga el conejo y fría hasta que se dore; añada los pimientos, el otro diente de ajo, el jitomate y las hierbas de olor. Sazone con sal y pimienta al gusto.

🖋 Mueva durante un par de minutos y añada el caldo, el vino y la molienda. Tape la cacerola y cocine a fuego lento durante una hora.

🖋 Rebane los champiñones en cuatro. Pele las papas, córtelas en cubitos y ahóguelas en aceite sin que lleguen a dorarse; cuando haya pasado la hora, añada las papas y los champiñones a la cacerola y deje cocer otros 15 minutos.

Carnes

Fajitas de cerdo

En los estados fronterizos del norte, su tierra natal, son especialmente apreciadas las fajitas de cerdo, res, pollo o camarón, para comer con chivichangas, que es como se llama a las prodigiosas tortillas de harina que hacen por esos lares. Fuera de México se suelen confundir con los tacos.

500 gramos (1 lb) de carne de cerdo cortada en tiras
8 tortillas de harina de trigo
1 aguacate* Hass grande
1 pizca de comino
1 pizca de chile piquín*
1 pizca de pimentón
120 mililitros (4 oz) de crema agria
4 dientes de ajo
1 limón
2 cucharadas cafeteras de aceite de oliva
sal al gusto
pimienta al gusto
salsa verde

🖊 Pele y pique finamente los ajos.

🖊 En un tazón grande, ponga la carne, el comino, el chile, el pimentón, una cucharadita de aceite de oliva, el jugo del limón y los ajos.

🖊 Mezcle bien y deje macerar unas horas. (Es mejor dejarla macerar desde una noche antes.)

🖊 Bata bien la crema y refrigérela.

🖊 Pele el aguacate, deshuéselo, córtelo en rodajas finas y báñelo con unas gotas de jugo de limón para que no se oxide.

🖊 Caliente las tortillas una a una en un sartén antiadherente, sin aceite, y conserve envueltas para que mantengan el calor.

🖊 En un sartén a fuego fuerte, saltee la carne en un poco de aceite.

🖊 Sirva la salsa, la crema, la carne y las tortillas en la mesa para que cada uno se prepare sus fajitas.

🖊 Sobre una tortilla poner todos los ingredientes y enrollar, formando un taco.

Carnes

Lengua de res en salsa roja

⏳ *1 hora 30 minutos*
6 a 8 porciones

Los mexicanos son sumamente aficionados a los platillos con vísceras y de ellas una de las más apreciadas es la lengua de res. A ella se refiere el refrán que dice: "de lengua me como un taco", y que se usa para señalar que alguien está haciendo afirmaciones exageradas.

1 kilogramo (2 lb) de lengua de res en rebanadas
1 kilogramo (2 lb) de jitomate*
2 hojas de laurel
3 dientes de ajo
¼ de cebolla blanca
8 pimientas
2 naranjas verdes
aceite de maíz o cártamo
sal al gusto

🌶 Cueza la lengua con la cebolla y un diente de ajo hasta que esté tierna. Retire, escurra, corte la orilla correosa y rebane. Reserve.

🌶 Exprima las naranjas y guarde el jugo.

🌶 Cueza los jitomates y luego lícuelos con el resto de los ajos, el laurel la pimienta y sal al gusto. Cuele.

🌶 En una cacerola ponga aceite y fría la salsa de jitomate; añada el jugo de las naranjas y, cuando empiece a hervir, baje la flama a fuego lento y sumerja las rebanadas de lengua.

🌶 Rectifique la sal y deje cocinar lo suficiente para que la carne se impregne del sabor de la salsa.

Lomo con pimienta y mango

⏳ *4 horas 30 minutos*
8 a 10 porciones

Una curiosidad en este marco, pues ninguno de sus ingredientes existía en México antes de la llegada de los españoles. En particular, el mango fue uno de los productos llevados en la embarcación que cruzaba anualmente el Pacífico, de Filipinas a Acapulco, llamada la Nao de China.

2 kilogramos (4 lb 8 oz) de lomo de cerdo

1 lata de mango en almíbar

12 rebanadas de tocino*

1 cucharada cafetera de pimienta negra gruesa

3 cucharadas soperas de mostaza

1 cucharada cafetera de sal

🌶 Unte la mostaza en todo el lomo. Espolvoree con sal y pimienta, y deje marinar de dos a tres horas.

🌶 Saque el mango del almíbar y escurra. Pique el tocino. Caliente en la hornilla de la estufa una charola para hornear y fría el tocino.* Añada el lomo y deje que se dore por ambos lados.

🌶 Caliente el horno a 175 °C (347 °F). En la misma charola, cubra el lomo con rebanadas de mango, sujetándolas con palillos, pero reserve al menos una cuarta parte de las mismas. Tape y póngalo a hornear alrededor de una hora.

🌶 Retire el jugo de la carne y lícuelo con el mago que reservó. Regrese la salsa a la charola y vuelva a hornear sólo lo suficiente para que hierva.

🌶 Saque la carne y deje enfriar a temperatura ambiente, rebane y sirva las rebanadas bañadas de salsa.

Carnes

Manitas de puerco

⏳ *1 hora 30 minutos*
6 porciones

Una receta fresca, excelente para el verano, que suele encontrarse en los bares típicos que los mexicanos llaman cantinas, y en muchos de los cuales pervive la costumbre de ofrecer un platillo distinto con cada ronda de copas que pidan los parroquianos.

6 manitas de puerco partidas
4 cucharadas de aceite
1 cebolla grande
2 zanahorias
3 rábanos picados
4 hojas de lechuga
10 aceitunas sin hueso
chiles jalapeños*
hierbas de olor
orégano seco
sal al gusto

✒ Rebane las zanahorias y la cebolla, pero reserve un trozo de ésta. Cueza las manitas en agua con sal, el trozo de cebolla y las hierbas de olor durante una hora. Escúrralas y déjelas enfriar.

✒ Cueza un poco las zanahorias y déjelas enfriar.

✒ En una ensaladera, ponga una cama de lechuga y agregue las manitas.

✒ Sobre las manitas coloque los chiles, las rebanadas de cebolla y las zanahorias.

✒ Bañe todo con el aceite.

✒ Adorne con aceitunas y rábanos, y espolvoree con el orégano.

Milanesa

⏳ *30 minutos*
4 porciones

Es muy posible que haya llegado a México con la corte de Maximiliano, pues unos diez años antes, Johann Josef Radetzky, un oficial austriaco al servicio de los Habsburgo había descubierto el plato en Milán, popularizándolo en la corte imperial. Los mexicanos, hoy, lo consideran una vianda de carácter popular.

500 gramos (2 lb) de bisteces* de res
2 huevos
pan molido
aceite de maíz o de cártamo
pimienta al gusto
al gusto

🌶 Espolvoree los bisteces* con sal y pimienta y deje reposar por 15 minutos

🌶 Bata el huevo en un plato, pase los bisteces* y revuélquelos en el pan molido.

🌶 Ponga aceite en un sartén y caliente a fuego medio. Fría los filetes uno por uno, dando vuelta para que se doren de ambos lados. Conforme se vaya consumiendo el aceite, agregue más pero conservando siempre la temperatura adecuada.

🌶 Escurra y sirva acompañado de rebanadas de cebolla y jitomate.*

Menudo

2 horas 30 minutos
8 a 10 porciones

Este caldoso plato también se conoce como "pancita", debido a que se elabora con el estómago de la res, y los entendidos en él se deleitan combinando distintas partes, y en distintas proporciones, de este órgano: callo, libro, cuajo, cacarizo y demás peregrinas denominaciones.

1 kilogramo (2 lb) de panza de res
1 cucharada de vinagre de manzana
2½ litros (5 pintas) de agua
2 cebollas blancas
4 hojas de laurel
3 dientes de ajo
5 chiles pasilla*
2 cucharadas soperas de aceite de maíz o de cártamo
2 patas de cerdo o una de ternera
sal al gusto
chile piquín* en polvo o chiles serranos* al gusto
limones al gusto
orégano seco al gusto

Lave la panza en agua corriente y córtela en cuadros de 2.5 a 5 cm (1 a 2 pulgadas) de lado. Póngala con el agua y el vinagre, y hierva, sin tapar, a fuego medio-alto durante 10 minutos. Saque la panza, escúrrala, enjuáguela y vuelva a ponerla en la olla.

Agregue las patas, ½ cebolla, las hojas de laurel, el ajo, una cucharada sopera de orégano y sal. Tape y hierva a fuego lento de dos a cuatro horas hasta que la panza esté tierna. Si es necesario, añada un poco de agua caliente.

Ase los chiles y quíteles las semillas y las venas* y remójelos media hora en agua muy caliente; después, lícuelos con el agua en que se remojaron hasta tener una mezcla homogénea.

Caliente el aceite en un sartén y fría los chiles molidos unos minutos, luego añada ¼ de litro (8½ oz) del caldo en que se coció, baje la flama y cocine unos minutos más.

Quite el exceso de grasa de la superficie del caldo y agregue la salsa de chile al menudo. Hierva a fuego lento entre 10 y 15 minutos más. Sirva en tazones hondos y calientes.

Corte los limones en cuartos y pique el resto de la cebolla, y preséntelos aparte, al igual que el orégano y el chile piquín. Si prefiere pique finamente chiles serranos. De todo ello, los comensales se sirven a su gusto.

Carnes

Mole de olla

⏳ *1 hora 30 minutos*
4 porciones

Un típico dicho mexicano es: "¡A darle, que es mole de olla!", que invita a no demorar ni un instante el inicio de una empresa, ya sea difícil o deleitosa, tal vez en referencia a la fruición con que suele devorarse este espléndido plato, que también admite numerosas variantes.

1 kilogramo (2 lb) de espinazo de puerco
10 chiles guajillos
1 cebolla mediana
½ cabeza de ajo
3 pimientas gordas
1 pizca de comino
1 ramo grande de epazote*
3 litros (¾ gal) de agua
sal al gusto

🌶 Lave muy bien el espinazo y póngalo a cocer en el agua durante una hora.

🌶 Remoje los chiles en agua caliente durante media hora. Licuelos con la cebolla, el ajo, el comino y la pimienta. Cuele la salsa y agréguela al espinazo; ponga sal y deje sazonar durante una hora.

🌶 Añada el ramo de epazote* y retírelo cuando el sabor y el aroma se hayan concentrado. Apague y sirva.

Picadillo

No tiene un carácter regional, sino que es un platillo que se da por hecho en cualquier hogar mexicano. La idea básica se comparte con muchos países latinoamericanos, en especial con Cuba, pero lo que distingue indudablemente al picadillo mexicano es la presencia del jitomate.*

750 gramos (1 lb 10 oz) de carne de res molida
3 jitomates*
1 papa blanca grande
2 zanahorias medianas
1 diente de ajo
1 cucharada cafetera de vinagre
aceite de maíz o de cártamo
pimienta al gusto
sal al gusto

🌿 Licue el jitomate con el ajo y el vinagre. Cueza las zanahorias y la papa, pélelas y córtelas en cubitos. Reserve. Pique la cebolla.

🌿 En una cacerola, caliente aceite a fuego medio y acitrone* la cebolla. Añada la carne y siga friendo, sin dejar de mover, hasta que esté casi cocida.

🌿 Sazone con sal y pimienta, y agregue el jitomate* molido haciéndolo pasar por una coladera. Mezcle bien y deje hervir, a fuego lento unos cinco minutos.

🌿 Añada las verduras y cueza otro poco hasta que se sazone la salsa. Si desea una consistencia caldosa, agregue un poco de agua; de lo contrario, deje que se consuma hasta que apenas cubra la carne.

Carnes

Ropa vieja

Podría ser uno de los primeros platillos llevados de España no sólo a México, sino al Caribe, pues, con distintas variaciones, es posible encontrarlo en Colombia, Puerto Rico y Cuba. Esta versión se distingue por el uso de jitomate.*

500 gramos (1 lb) de falda de res

2 hojas de laurel

1 diente de ajo

1 cucharada de sal

1 zanahoria

1 ramita de perejil

1 cebolla

60 mililitros (2 oz) de aceite de oliva

2 cucharadas soperas de vinagre de vino tinto

1 cucharada sopera de orégano seco

¼ de cucharada cafetera de pimienta negra

2 jitomates*

1 lechuga cortada en tiras finas

1 aguacate* Hass

6 rábanos

🌶 Rebane finamente la lechuga. Rebane la cebolla, pero reserve un trozo. Corte el jitomate* en cubos. Ponga la carne, el laurel, el ajo, el trozo de cebolla, la zanahoria, el perejil y sal en una cacerola grande y pesada. Agregue agua hasta cubrir y deje que hierva. Baje la flama y siga cociendo a fuego lento, con tapa, hasta que la carne esté tierna (alrededor de una hora).

🌶 Deje enfriar la carne en el caldo, escúrrala y desmenúcela.

🌶 En otro recipiente, mezcle la carne con la cebolla, el aceite, el vinagre, el orégano y la pimienta. Compruebe la sazón y deje reposar durante 30 minutos.

🌶 Diez minutos antes de servir, agregue el jitomate, un poco de tiras de lechuga y mezcle. Prepare un lecho de lechuga en un platón y ponga la carne en el centro.

🌶 Adorne con rebanadas de aguacate y los rábanos en mitades.

Tinga de res

⧗ *1 hora*
4 a 6 porciones

Su dominio son las fiestas familiares del centro y el sureste de México, en las que, al lado de otros platillos, suele presentarse en bufet para ser disfrutada sobre una tortilla recién hecha o tostada. También es frecuente encontrarla de relleno en empanadas.

500 gramos (1 lb) de carne de res para deshebrar (falda)

4 o 5 jitomates cortados en cuartos

1 diente de ajo

6 chiles guajillo

1 cebolla rebanada

1 trozo de cebolla

pasitas

margarina

1 taza de refresco de cola

🌶 Hierva la carne de res con sal y el trozo de cebolla en bastante agua durante 40 minutos. Una vez cocida deshebre bien la carne. Reserve.

🌶 Sofría los jitomates, la cebolla rebanada, los chiles desvenados, despepitados y bien lavados; añada las pasitas.

🌶 Licue el sofrito y, si está muy espeso, agregue el refresco de cola.

🌶 Cuele la salsa en una cacerola con la margarina ya derretida y espere a que rompa el hervor. Agregue la carne.

🌶 Deje a fuego bajo hasta que la salsa impregne la carne.

🌶 Sirva acompañándola con arroz blanco.

Dulces

Si en algún momento se expresa el carácter profunda y esencialmente mestizo de la cocina mexicana es a la hora de los postres.

Bien es cierto que los antiguos pueblos mesoamericanos eran duchos ya en la mezcla de mieles naturales con frutas y granos, época desde la cual triunfa en el paladar la ilustre "alegría", ese suculento pan de amaranto y miel.

Pero habría que esperar la llegada de la leche y la caña de azúcar para que brotara, a punta de imaginación culinaria, el caleidoscópico mosaico que son los dulces y la repostería mexicana, epopeya en la que desempeñaron un papel primordial los misioneros y los conventos.

En ellos se divulgaban los textos de gastronomía árabe y española, y se fraguaban recetas que incorporaban los productos de la tierra recién conquistada. Especial atención habrían de darle al renglón dulcero, pues su elaboración constituyó fuente nada despreciable de ingresos, al tiempo que las niñas de la clase acomodada que formaban en sus colegios llevaban la nueva confitería al ámbito doméstico.

En las calles, y muchas veces a cuello de pregón, los gremios de confiteros y pasteleros hacían lo suyo. Y lo siguen haciendo, a pesar de las ordenanzas que desde 1590, con el virrey don Luis Velasco, intentan prohibir la venta de dulces en la vía pública.

Y siempre dándole vuelo al placer de lo churrigueresco, de lo cargado, de lo excesivo, de lo no apto para paladares débiles, como se ve en el "pan francés" o simplemente "pan de dulce", muy mexicana y libre versión de la repostería gala que cada tarde cuenta con millones de consumidores.

Cualquiera que haya visto una calavera de azúcar para la ofrenda de Día de Muertos sabe que en México, literalmente, hasta la muerte es dulce. Pero, lector, no tema y simplemente deléitese con alguno de los postres siguientes.

Arroz con leche

⏳ *45 minutos*
6 a 8 porciones

El arroz con leche fue traído a América por los conquistadores españoles. En México la receta se fue modificando hasta convertirse en uno de los grandes representativos de su cultura e identidad.

200 gramos (7 oz) de arroz

1 litro de leche fresca

100 gramos (3½ oz) de azúcar

½ cucharada cafetera de sal

1 ramita de canela

canela en polvo

200 gramos (7 oz) de pasas sin semillas

✒ Coloque el arroz cubierto con agua fría en una cacerola y cocínelo a fuego moderado. Cuando hierva, manténgalo así durante cinco minutos y luego retírelo del fuego para colarlo.

✒ Hierva la leche y agréguesela al arroz ya colado dentro de otra cacerola. Añada la sal, el azúcar y la canela. Vuelva a llevar a la ebullición a fuego moderado, revolviendo de cuando en cuando para disolver el azúcar, durante 30 minutos. Póngale más leche si hiciera falta.

✒ Saque el arroz con leche, añada las pasas y deje enfriar. Espolvoree con canela cuando lo sirva.

Buñuelos

Imprescindibles en la Navidad mexicana, especialmente en Oaxaca, donde el 28 de diciembre, durante la Noche de los Rábanos, es costumbre comerlos en una buñolería callejera y después quebrar en el piso el plato de barro en el que se sirvieron.

500 gramos (1 lb) de harina de trigo
8 huevos
1 cucharada de manteca de cerdo
1 cucharada de polvo de hornear
500 gramos (1 lb) de azúcar
1 litro (¼ de gal) de aceite de maíz o de cártamo
canela en polvo

✐ Haga una fuente con la harina; agregue las yemas de los ocho huevos, la manteca y el polvo de hornear.

✐ Amase con la mano para formar una pasta suave; agregue un poco de agua endulzada; siga amasando hasta que se despegue de las manos. Deje reposar media hora.

✐ Extienda con un rodillo para formar ruedas grandes y delgadas de 20 a 25 cm (8 a 10 pulgadas) de diámetro.

✐ Fríalos en el aceite muy caliente y cuando estén dorados, escúrralos y polvoréelos con el azúcar revuelto con la canela en polvo.

Dulces

Cacahuates garapiñados

⏳ *30 minutos*
6 a 8 porciones

En 1521, el mismo año en que se consumó la conquista española, fue instalado el primer molino de caña de azúcar en lo que hoy es el municipio de Lerdo de Tejada, Veracruz; con la llegada de esta planta, que ya se cultivaba en Cuba, se inició la historia de los dulces mexicanos, los cuales son un producto eminentemente novohispano.

450 gramos (1 lb.) de cacahuates* sin cáscara ni sal

250 gramos (9 oz) de azúcar

¼ de litro (8½ oz) de agua

1 cucharada cafetera de esencia de vainilla

mantequilla sin sal

🌶 Ponga en un cazo de cobre, si es posible, o en uno de peltre, el agua y el azúcar; cuando hierva, agregue los cacahuates* y la vanilla

🌶 Baje la flama a fuego medio y mueva constantemente. Cuando la mezcla espese y empiece a menguar, baje la flama al mínimo y siga moviendo hasta que escuche que suena como si tuviera arena.

🌶 Retire del fuego y póngalos a enfriar, bien extendidos, sobre una charola metálica.

Capirotada

⧖ 1 hora
8 porciones

La versión más antigua de este plato, elaborado con carne, se halla en el libro *De re coquinaria*, de Apicius, que data del siglo V. Traído a México por el mismísimo Hernán Cortés, el fervor católico del pueblo le retiró la carne para convertirlo en un postre de Cuaresma.

4 bolillos o, en su defecto, 250 gramos (9 oz) de baguette o pan blanco similar
½ kilogramo (1 lb) de piloncillo*
125 gramos (4½ oz) de cacahuates*
125 gramos (4½ oz) de pasas
250 gramos (9 oz) de queso añejo*
1 raja de canela
½ litro (1 pt 1 oz) de agua
papel absorbente

✐ Corte el bolillo o el pan en rebanadas de 1 cm (½ pulgada) de grueso. Pique el cacahuate y corte el queso en cubitos. Reserve.

✐ Hierva el piloncillo y la canela en el agua para formar una miel.

✐ En un sartén ponga a calentar el aceite, fría las rebanadas de pan hasta que doren y póngalas a escurrir en el papel absorbente.

✐ En una cazuela chica, coloque una capa de rebanadas de pan y cúbrala con pasas, cacahuate y queso. Repita en capas sucesivas. Cuando termine, bañe todo con la miel.

✐ Ponga la cazuela a baño María durante una media hora hasta que el pan se suavice. Retire del fuego y espere a que esté a temperatura ambiente para servir.

Arroz

Chatines

Este exquisito dulce tiene todo el carácter de su región de origen: el Huaxtepacan, más conocido como las Huastecas, húmeda sierra pletórica de lujuriosa vegetación situado en Veracruz, Tamaulipas, Querétaro, San Luis Potosí e Hidalgo.

3 plátanos machos*
250 gramos (9 onzas) de azúcar granulada blanca
aceite de maíz o de cártamo

⏳ 30 minutos
4 porciones

✒ Corte los plátanos sin pelar en trozos y cocínelos en agua hasta que estén suaves. Cuando estén fríos, quíteles la cáscara y prénselos para obtener un buen puré.

✒ Unte sus manos con aceite o manteca y haga los chatines, es decir, unas tortitas con forma redonda de 6 cm (2½ pulgadas) de diámetro por 1 cm (2/5 de pulgada) de grueso.

✒ Ponga aceite en un sartén y cuando esté bien caliente, fría los chapines.

✒ Déjelos enfriar y quite el exceso de grasa con papel absorbente. Espolvoree azúcar granulada sobre de ellos.

Chongos zamoranos

Es el más ilustre postre de la región del Bajío mexicano, importante cuenca lechera del país. Su origen se remonta a los conventos de la época virreinal que existían en esa zona, en especial en la ciudad de Zamora, Michoacán.

2 litros (½ gal) de leche
250 gramos (9 oz) de azúcar
1 pastilla de cuajar
4 rajas de canela
2 limones

⏳ 2 horas 30 minutos
8 porciones

✒ Ponga la leche a fuego lento para que no hierva; agregue la pastilla de cuajar disuelta en un poco de leche y mezcle.

✒ Cueza 30 minutos y agregue el jugo de limón.

✒ Cuando esté bien cuajada la leche, clave las rajitas de canela en su superficie y espolvoree el azúcar, sin mover. Siga cociendo a fuego lento durante 2 horas aproximadamente.

✒ Retire del fuego cuando casi se haya consumido el líquido que rodeaba los cuajos de leche.

Cocada

Este dulce tuvo su cuna en Acapulco, pero sus padres fueron unos dulceros de Guanajuato que, asentados en el paradisíaco puerto, buscaban una opción a las dificultades para seguir elaborando cajeta; la deliciosa respuesta la hallaron en el fruto de la palmera que abunda en las costas de Guerrero y Oaxaca.

1 litro (¼ de gal) de leche

1.5 kilogramos (3 lb 5 oz) de azúcar

500 gramos (1 lb) de coco

½ litro (1 pt 1 oz) de agua

12 huevos

20 almendras

🌶 Ralle el coco y parta las almendras a la mitad. Disuelva 1 kilogramo (2 lb) de azúcar en la leche y ponga a hervir, sin dejar de mover hasta que espese.

🌶 Aparte, ponga a cocer el azúcar restante con el agua y el coco rallado. Cuando esté cocido el coco, revuelva con la leche.

🌶 Bata los huevos y agréguelos a la mezcla anterior y ponga a fuego lento. Cuando hierva, vierta en un molde para horno, adorne con las almendras y hornee hasta que se dore. Saque y deje enfriar.

Dulces

Flan de vainilla

La vainilla es una orquídea gigante que se abre cada mañana y se cierra al atardecer. Nueve meses después de la primera floración se convierte en el oscuro fruto de glamoroso aroma que conocemos. Uno de los mayores aportes de México a las mesas del mundo.

2 latas de leche condensada

1 lata de leche evaporada

120 mililitros (4 oz) de leche fresca

6 huevos

250 gramos (9 oz) de azúcar

2 cucharadas de concentrado de vainilla

☛ Ponga el azúcar sobre un sartén a fuego bajo, moviendo continuamente, hasta que cambie su color a café claro.

☛ Vierta el azúcar derretido en un refractario (o una flanera) y ladéelo para que cubra las paredes.

☛ Aparte, licue las leches con los huevos y la vainilla.

☛ Vierta esta mezcla en el refractario, ya frío, tápelo y colóquelo dentro de un molde o refractario más grande con la mitad llena de agua.

☛ Meta al horno a 150 °C (302 °F) durante 25 o 30 minutos, o hasta que la mezcla esté sólida.

☛ Saque del horno y deje enfriar a temperatura ambiente. Después refrigere dos horas mínimo antes de servir. O, si prefiere, puede dejarlo en el refractario y adornarlo con crema batida.

Gorditas dulces

⏳ *30 minutos*
6 porciones

Alimento esencial de los antiguos mexicanos, el maíz dio —y sigue dando— lugar a los más variados platillos. En esta receta adquiere la forma de un postre, en alianza con la caña de azúcar, llevada al Nuevo Mundo por los europeos tras recibirla de la India.

500 gramos (1 lb) de masa de maíz

125 mililitros (4 oz) de agua

1 cucharada cafetera de anís

250 gramos (9 oz) de manteca vegetal

3 cucharadas soperas de harina de trigo

300 gramos (10½ oz) de piloncillo* aceite de maíz o de cártamo

🌿 Hierva el anís en el agua y cuele para quitar las semillas.

🌿 Desbarate el piloncillo, póngalo en el agua de anís y caliente hasta que se derrita por completo. Reserve.

🌿 Mezcle muy bien la harina de trigo con la masa de maíz. Agregue poco a poco el agua de anís hasta obtener una textura tersa; si es necesario, agregue más harina.

🌿 Enharínese las manos y tome una porción de masa, hágala bolita y aplánela, siempre entre las manos, hasta obtener una tortilla de unos 8 cm (3 pulgadas) de diámetro y 1 cm (½ pulgada) de espesor.

🌿 Caliente abundante aceite en un sartén y vaya sumergiendo las gorditas. Fría hasta que se inflen y estén doradas de ambos lados.

🌿 Escúrralas en el papel absorbente y sírvalas calientes acompañadas de café negro.

Dulces

Higos Coahuila

Cultivado desde hace más de 10,000 años en el Viejo Continente, este noble fruto supo adaptarse a los suelos mexicanos, principalmente en Guanajuato, Sonora, el Estado de México e, incluso, el Distrito Federal. Pero también es posible encontrarlo en las áridas regiones del norte, donde se ha convertido en un dulce típico.

12 higos maduros

60 gramos (2 oz) de azúcar morena

45 gramos (1½ oz) de nueces

60 gramos (2 oz) de mantequilla sin sal

125 gramos (4½ oz) de queso de cabra fresco

➤ Precaliente el horno a 180 °C (356 °F) y enmantequille una charola para hornear poco profunda. Corte las nueces en mitades a lo largo y la mantequilla en cubos pequeños.

➤ Haga un corte en cruz en cada higo desde el tallo hacia la base, pero dejando intacta esta última. Vaya colocándolos en la charola con el tallo hacia arriba y de manera que queden apretados unos con otros; luego, espolvoréelos con el azúcar y cúbralos con la mantequilla y las nueces.

➤ Tape la charola y hornee durante unos 20 minutos, hasta que estén bien calientes. Ponga un poco de queso desmoronado dentro del corte de cada higo. Si lo desea, puede asar el queso en un asador o en el horno bien caliente durante unos minutos.

➤ Sírvalos, ya sea calientes o a temperatura ambiente, y cúbralos con el jarabe que se formó mientras se horneaban.

Jamoncillo de cacahuate

Nacido en el norteño estado de Sonora, el jamoncillo se prepara con diversas semillas. En este caso, con cacahuate, alimento que a la llegada de los españoles se podía encontrar desde México hasta Perú, aunque la primera vez que lo paladeó un europeo fue en el palacio de Moctezuma.

1 kilogramo (2 lb) de cacahuate* pelado y tostado, sin sal

500 gramos (1 lb) de azúcar

½ litro (1 pt 1 oz) de leche

2 huevos

✒ Muela en un mortero el cacahuate. Bata ligeramente los huevos para que las yemas y las claras queden bien incorporadas.

✒ Mezcle muy bien en un cazo todos los ingredientes y caliente a fuego medio. No deje de mover hasta que vea el fondo del cazo.

✒ Retire del fuego y siga moviendo hasta que empiece a endurecer.

✒ Antes de que endurezca, coloque la mezcla en un molde de 20 x 20 cm (8 x 8 pulgadas) y 2 cm (¾ de pulgada) de alto. Una vez frío, corte en cuadritos.

Dulces

Jericalla

⏳ 1 hora 30 minutos
6 a 8 porciones

De algún modo, este dulce viajó desde la pequeña ciudad de Jericó, Colombia, hasta México, donde es altamente popular, en especial en Puebla, acaso por la cercanía de la zona donde se produce la mejor vainilla del mundo. El nombre, por supuesto, evoca su origen.

¾ de litro (1 pt 8 oz) de leche

185 gramos (6½ oz) de azúcar

1 raja de canela

1 vaina de vainilla o 1 cucharada sopera de esencia de vainilla

3 huevos

🌶 Ponga a calentar la leche, el azúcar la canela y la vainilla a fuego medio. Si va a usar una vaina, abra ésta a lo largo, extraiga las semillas con la punta del cuchillo y póngalas en la leche.

🌶 Al primer hervor, baje la flama a fuego lento y cocine unos 20 minutos hasta que la mezcla se espese lo suficiente como para quedar adherida al dorso de una cuchara. Cuele y deje que se enfríe un poco.

🌶 Caliente el horno a 165 °C (329 °F). Sobre una rejilla ponga un molde para hornear, vierta agua suficiente como para que alcance 2.5 cm (1 pulgada) de altura y deje que se caliente. Disponga de seis a ocho moldes refractarios.

🌶 Separe las claras de las yemas de los huevos, bata éstas y añada un poco de la leche sin dejar de revolver. Siempre sin dejar de mover, eche esta mezcla en el resto de la leche y revuelva bien.

🌶 Vierta en los moldes y póngalos en el agua, asegurándose de que no se toquen entre sí. Hornee una hora, más o menos, hasta que al insertar un palillo, éste salga limpio.

🌶 Saque los moldes, acomódelos en una charola para hornear y ponga ésta debajo del asador hasta que la superficie del dulce se dore.

🌶 Retire, deje que se enfríen, tápelas y refrigere por varias horas.

🌶 Sirva las jericallas frías en sus moldes o, desmoldadas, en platos para postre.

Dulces

Mangos flameados

En la cultura mexicana el mango, del que existen unas cincuenta variedades, se relaciona con todo lo dulce, sabroso, hermoso y seductor. Por ello, de una bella mujer suele decirse que "está como mango", expresión que con la liberación femenina ya se aplica también a los varones.

1.5 kilogramos (3 lb) de mango petacón*
3 cucharadas soperas de azúcar morena
3 cucharadas soperas de mantequilla sin sal
1 limón
1 una naranja
60 mililitros (2 oz) de tequila blanco
60 gramos (2 oz) de coco rallado

✐ Pele los mangos y corte la pulpa en rebanadas. Exprima el limón y reserve el jugo; separe el bagazo de la cáscara y pique ésta finamente. Haga lo mismo con la naranja, pero sólo pique la mitad de la cáscara.

✐ Enmantequille ligeramente un platón para horno de unos 25 por 35 cm (10 a 14 pulgadas) y acomode las rebanadas ligeramente sobrepuestas. Rocíelas con la mantequilla, el azúcar morena y las cáscaras picadas de los cítricos. Encima, vierta una cucharada sopera del jugo de limón y una del jugo de naranja.

✐ Caliente el horno a 200 °C (392 °F) y hornee sin tapar unos 20 minutos hasta que el mango empiece a dorarse. Sáquelos, pero no los deje enfriar demasiado.

✐ Ya en la mesa, rocíe el tequila sobre las rebanadas, encienda y agite el platón unos segundos hasta que las flamas se apaguen. Sirva porciones individuales, adorne cada una con un poco de coco. También puede acompañar con una bola de helado de coco o vainilla.

Merengues

⏳ *1 hora 30 minutos*
6 a 8 porciones

Un grito que hace algunos ayeres llenaba el aire de las calles mexicanas, era: "¡Hay merengues!" él cual era lanzado por los vendedores ambulantes de este dulce. Y no era extraño que en lugar de venderlos aceptaran jugar a la suerte su mercancía, arrojando una moneda al aire.

3 huevos
400 gramos (14 oz) de azúcar
½ cucharada cafetera de sal
½ cucharada cafetera de cremor tártaro
2 cucharadas cafeteras de jugo de limón
mantequilla

✒ Separe las yemas de las claras y bata éstas a punto de turrón.

✒ Sin dejar de batir, añada poco a poco el azúcar, la sal, el jugo de limón, el cremor tártaro y unas gotas de pintura vegetal, de modo que la mezcla quede homogénea.

✒ Enmantequille y enharine un molde para horno y ponga cucharadas pequeñas de la mezcla con un movimiento circular y ascendente. Deje suficiente espacio entre ellas para que se inflen.

✒ Hornee a fuego bajo durante una hora aproximadamente. Despegue los merengues y póngalos a enfriar en una canasta.

Dulces

Natillas

En el escudo de Celaya, Guanajuato, aparece una leyenda que reza: *De Forti Dulcedo*, que quiere decir "de los fuertes es la dulzura", digno blasón para la cuna de los más exquisitos dulces de leche.

1½ litro (3 pt 3 oz) de leche

6 yemas de huevo

8 cucharadas soperas de azúcar

la cáscara de un limón

2 rajas de canela

1 cucharada sopera de fécula de maíz

canela en polvo

⌛ 50 minutos

6 a 8 porciones

🌶 Bata las yemas de huevo con el azúcar y la fécula de maíz hasta obtener una mezcla espumosa.

🌶 Ponga la leche a calentar a fuego medio, junto con la cascarita de limón, moviendo constantemente.

🌶 Vierta, poco a poco, la mezcla de las yemas, el azúcar y la fécula de maíz, sin dejar de mover.

🌶 Cuando comienza a hervir, se retira del fuego y se coloca en una fuente honda o en recipientes individuales.

🌶 Espolvoree la canela en polvo.

Pan de elote

La mezcla de harina de trigo con la suculenta fécula del elote se practica en muchas regiones de México y da lugar a diversos panqués y pasteles.

8 elotes

500 gramos (1 lb) de harina

500 gramos (1 lb) de azúcar,

250 gramos (9 oz) de mantequilla

30 gramos (1 oz) de polvo de hornear

8 huevos

½ litro de leche (1 pt 1 oz)

1 cucharada sopera de extracto de vainilla

⌛ 1 hora

8 a 10 porciones

🌶 Desgrane los elotes y licue los granos con la leche. Cierna la harina con el polvo de hornear.

🌶 Bata la mantequilla con el azúcar hasta que esté cremosa y añada los huevos uno por uno sin dejar de batir

🌶 Mezcle, agregando por partes, todos los ingredientes hasta que queden bien incorporados.

🌶 Engrase un molde refractario y vierta la mezcla anterior.

🌶 Hornee a 220° C (428 °F) por treinta minutos.

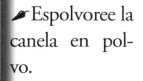

Pastel de tres leches

⏳ *90 minutos*
8 porciones

Este tipo de pastel húmedo es típico de la región tropical que abarca el Sureste mexicano y Centroamérica. Su consistencia la debe a la combinación de jarabes, mieles, licores o leches. En México, la mezcla tradicional se elabora con evaporada, condensada y entera.

250 gramos (9 oz) de azúcar

5 yemas de huevo

5 claras de huevo

60 mililitros (2 oz) de leche entera

375 gramos (13 oz) de harina

1½ cucharadas soperas de levadura en polvo

1 lata de leche condensada

1 lata de leche evaporada

1 cucharada sopera de extracto de vainilla

¼ de litro (8½ oz) de crema batida

🖋 Precaliente el horno a 180 °C (356 °F).

🖋 Engrase y enharine un recipiente redondo para pastel.

🖋 Bata las yemas con tres cuartas partes del azúcar hasta que doble en volumen (4 minutos aproximadamente).

🖋 Añada la leche, la vainilla, la harina y la levadura en polvo.

🖋 En un recipiente aparte, bata las claras hasta que se formen picos. Lentamente agregue el azúcar restante hasta que las claras se endurezcan pero no queden secas.

🖋 Junte poco a poco la mezcla de las claras con la de las yemas.

🖋 Vierta esta mezcla dentro del recipiente engrasado.

🖋 Hornee de 40 a 50 minutos o hasta que insertando en el centro un palillo éste salga limpio.

🖋 Retírelo del horno, póngalo fuera del molde y déjelo enfriar 10 minutos. Despegue las orillas con un cuchillo y viértalo en un recipiente hondo.

🖋 Mezcle la leche evaporada, la leche condensada y la vainilla.

🖋 Usando un palillo de dientes, perfore el pastel por todos lados.

🖋 Vierta la mezcla de la leche por encima del pastel hasta que la absorba completamente. Luego bata la crema hasta que espese (tenga cuidado de no batirla demasiado).

🖋 Usando una espátula, cubra el pastel entero con la crema batida y refrigérelo. Decórelo con las cerezas.

Piña al tequila

⌛ *40 minutos*
10 a 12 porciones

Originaria de Sudamérica, la piña o ananás se adaptó muy bien a las regiones tropicales de México, en especial en Oaxaca, Veracruz y Tabasco, al grado de que actualmente es uno de los más importantes cultivadores mundiales de esta fruta y 90 por ciento de su producción se exporta a los Estados Unidos.

4 piñas* pequeñas o 2 medianas

2¼ litros (4 pt 12 oz) de agua

450 gramos (1 lb) de piloncillo

¼ de litro (8½ oz) de jugo de naranja

¼ de litro (8½ oz) de tequila

¼ de litro (8½ oz) de jugo de limón

3 limones

250 gramos (9 oz) de azúcar

1 chile jalapeño

☞ Pele las piñas y quíteles el corazón.

☞ Troce el piloncillo y póngalo en una olla con ½ litro (1 pt 1 oz) de agua, el tequila y el jugo de naranja. Sumerja las piñas en este caldo y cuézalas, pero no demasiado, para que no se desbaraten.

☞ Retire las piñas y deje el caldo a fuego medio hasta que adquiera una consistencia espesa, como de caramelo suave. Apague y deje enfriar.

☞ Ponga a cocer las cáscaras de los limones en ½ litro (1 pt 1 oz) de agua; cuando suelte el hervor, tire el agua y repita la operación dos veces.

☞ Corte el chile jalapeño en rodajas. Disuelva 250 gramos (9 oz) de azúcar en ¼ de litro (8½ oz) de agua y caliente para preparar un almíbar; añada las cáscaras de limón y, cinco minutos antes de apagar, agregue el chile. Retire del fuego y deje enfriar.

☞ Corte las piñas a la mitad de arriba abajo y después rebánelas.

☞ Sirva en platos individuales y adorne con un puñado de cáscaras de limón. Recaliente ligeramente la salsa de tequila, bañe y vierta un poco más en el plato.

Plátanos al horno

El plátano macho* es una de las mil especies que forman la familia de las musáceas, es decir de los plataneros o bananeros, cuyo cultivo se inició en el sudeste asiático hace más de dos mil años; en la actualidad México es un importante productor internacional de plátano macho* y Chiapas ocupa el primer lugar nacional.

2 plátanos machos* muy maduros, con la cáscara ya negra

½ litro (1 pt 1 oz) de rompope

¼ de litro (8½ oz) de crema

2 cucharadas soperas de mantequilla sin sal

🌶 Lave y seque los plátanos. Caliente el horno a 220 °C (428 °F) y engrase ligeramente una charola para hornear.

🌶 Pele los plátanos y colóquelos adosados en la charola y cúbralos con las cucharadas de mantequilla en pequeños trozos. Si lo prefiere, corte los plátanos, con todo y cáscara, por la mitad a lo largo, con la parte descubierta hacia arriba.

🌶 Hornee durante unos 10 minutos hasta que la superficie de los plátanos adquiera un color dorado obscuro. Sáquelos y colóquelos en un platón. Báñelos con el rompope, dejando que escurra y encima rocíe la crema. Sirva muy calientes.

🌶 Es posible hacerlos con rompope comercial, pero para un resultado más fino, puede elaborar su propio rompope (ver receta).

Dulces

Polvorones de naranja

⏳ *40 minutos*
10 a 12 porciones

Esta receta es la forma básica de los polvorones mexicanos, descendientes del dulce español del mismo nombre. Y aunque se pueden preparar de diversos sabores, el más típico es el de naranja, que tan bien se adaptó al suelo de México, en especial en el norte de Veracruz.

250 gramos (9 oz) de harina
125 gramos (4½ oz) de manteca vegetal
100 gramos (3½ oz) de azúcar glass
1 naranja
1 huevo
1 pizca grande de bicarbonato de sodio
mantequilla sin sal

🖎 Exprima la naranja y reserve el jugo; deseche el bagazo y ralle la mitad de la cáscara. Cierna la harina con el bicarbonato.

🖎 Bata la manteca con el azúcar hasta que se esponje; en seguida, agregue la yema del huevo, el jugo de naranja y la ralladura. Luego, la harina con el bicarbonato.

🖎 Amase bien y extienda la pasta con un rodillo hasta que tenga unos 6 milímetros (¼ de pulgada) de espesor.

🖎 Caliente el horno a 200 °C (392 °F) y enmantequille una charola para horno. Corte la pasta en círculos de 5 centímetros (2 pulgadas), póngalos en la charola y hornee hasta que estén dorados.

🖎 Sáquelos, espolvoréelos con la mitad de azúcar glass, déjelos enfriar y vuelva a espolvorear. Tenga mucho cuidado, ya que debido a su consistencia se pueden desmoronar fácilmente.

Polvorones de cacahuate

⏳ *45 minutos*
8 a 10 porciones

De prosapia andaluza, el dulce llamado polvorón ha adquirido diversas formas en el mundo hispanohablante, a veces hasta la confusión. Sin embargo, en México se refiere sin duda a un tipo de de galleta muy frágil y que puede preparase con cacahuate u otros ingredientes, pero siempre muy polveada con azúcar glass.

150 gramos (5 oz) de cacahuates* sin sal

125 gramos (4½ oz) de mantequilla sin sal

125 gramos (4½ oz) de manteca vegetal*

185 gramos (6½ oz) de azúcar glass

1 cucharada de ron añejo

315 gramos (11 oz) de harina de trigo

1 pizca de sal

🖋 Pique los cacahuates en un molino para especias o en el procesador de alimentos, finamente pero sin que forme una pasta. Reserve.

🖋 Mezcle la mantequilla y la manteca, que deben estar a temperatura ambiente, y bata vigorosamente, o con batidora eléctrica, hasta que estén cremosas. Añada la tercera parte del azúcar glass y el ron; siga batiendo hasta que la mezcla esté clara y esponjosa.

🖋 Añada tres cuartas partes de la harina, haciéndola pasar por un cernidor, y la sal. Revuelva hasta que se incorporen. Añada el cacahuate y el resto de la harina. Mezcle bien, tape y refrigere al menos una hora.

🖋 Coloque una rejilla en la parte alta del horno y caliéntelo a 165 °C (356 °F). Forme bolas de masa de unos 2 cm (¾ de pulgada) de diámetro, colóquelas en una charola para horno sin engrasar a una distancia de 2.5 cm (1 pulgada) unas de otras y hornee durante unos 15 minutos hasta que estén ligeramente doradas. Dé vuelta a la charola para que se doren parejo.

🖋 Cierna el resto del azúcar glass sobre un plato extendido y ruede los polvorones recién salidos del horno para que se cubran de modo uniforme. Póngalos a enfriar sobre una rejilla y vuelva a pasarlos por el azúcar glass. Sirva o guarde.

Entradas

El mexicano es proclive a comer a la menor provocación. De hecho en tiempos pretéritos de mayor tranquilidad, y cuando las circunstancias lo permitían, podía llegar a hacer cinco comidas formales al día: un desayuno a temprana hora, seguido del almuerzo a media mañana, una comida fuerte pasado el mediodía, una merienda hacia el ocaso y la cena ya bien entrada la noche.

Pero además está ese tipo de platillos que en otras latitudes sirven para aplacar temporalmente el hambre o para un eventual suplemento energético. Son las tapas, los tentempié, los entremeses, los pasapalos, los pasabolas, el picoteo, los bocadillos. O lo que en inglés se llama snack.

Tratar de enlistar siquiera los más importantes sería ingente; clasificarlos, enloquecedor. Porque además son multiformes e intercambiables; igual se consumen de pie en la calle que aparecen como parte de una comida formal. Mejor hablemos de funciones.

Para el mexicano, el concepto de entrada es muy claro: se trata de comer para comer, esto es, de abrir el apetito… comiendo.

Sin embargo, también come para beber. Si se trata de acompañar un tequila, una cerveza o cualquier brebaje similar, entonces el mismo platillo que era una entrada se convierte en botana, palabra que sólo entiende asociada al espíritu báquico.

Pero si el mismo manjar se transforma en antojito, es la apoteosis. Se trata entonces de comer porque sí, porque la papila gustativa lo exige, y hay que satisfacer el imperativo gastronómico más auténtico: el que depende exclusivamente del disfrute espontáneo del sabor. Porque es, ni más ni menos, un antojo.

Y por si hay duda, lector, el diminutivo no es despectivo sino entrañablemente cariñoso.

Entradas

Bocoles

Los comes en la faena./Son de masa con frijoles./En la casa, en la verbena,/todos comemos bocoles. Esta décima del poeta repentista y trovador huasteco Arturo Castillo Tristán da cuenta de lo entrañable que resulta este plato en el norte de Veracruz y sur de Tamaulipas.

1 kilogramo (2 lb) de masa de maíz

250 gramos (9 oz) de manteca de cerdo

250 gramos (9 oz) de frijoles refritos (ver receta)

250 gramos (9 oz) de pulpa de jaiba* cocida

450 gramos (1 lb) de jitomates*

100 gramos (3½ oz.) de queso fresco*

1 cebolla mediana

2 dientes de ajo

aceite de maíz o de cártamo

chiles cuaresmeños* al gusto

sal al gusto

🖎 Caliente un poco la manteca para que se licue, mézclela muy bien con la masa y déjela reposar al menos una hora.

🖎 Desmenuce la pulpa de jaiba. Quite las semillas y las venas a los chiles y píquelos toscamente.

🖎 Licue los jitomates con los ajos, la cebolla y poca sal. Caliente aceite en un sartén y fría la salsa. Añada la jaiba y el chile cuaresmeño; revuelva y cocine a fuego lento hasta que se seque, pero no demasiado. Deje enfriar.

🖎 Caliente un comal y tome de la masa porciones para formar tortitas de unos 5 cm (2 pulgadas) de diámetro por 2 cm (¾ de pulgada). Póngalas a cocer por ambos lados unos cinco minutos.

🖎 Cuando estén cocidas, ábralas y rellénelas con la jaiba o con frijoles y un poco de queso desmoronado. Sirva los bocoles recién salidos del comal.

Chalupas de pollo

Otra de las múltiples formas de combinar el autóctono maíz con alimentos venidos de otras latitudes. En este caso el nombre es alegoría de la tortilla como una embarcación que navegara repleta de sabores; las más afamadas, que no las únicas, las de Puebla y Guerrero.

½ pechuga de pollo cocida y deshebrada

18 tortillas pequeñas

2 papas cocidas, peladas y cortadas en cubitos

½ cebolla picada

1 taza de queso añejo* rallado

6 rabanitos partidos

2 cucharadas soperas de cilantro picado

salsa verde o salsa roja (vea recetas)

aceite para freír

sal al gusto

🌶 Sofría las papas y resérvelas.

🌶 Pase las tortillas por aceite caliente.

🌶 Póngales encima las papas y sobre éstas pollo deshebrado, cebolla picada, cilantro, rabanitos y salsa al gusto.

🌶 Espolvoree con queso rallado y añada sal.

Elotes asados o cocidos

⏳ *30 minutos cocidos 45 minutos asados*
6 porciones

Tienen la sencillez de un clásico que ha perdurado cientos años antes de la llegada de los europeos a América y cientos de años después. Los mexicanos los consumen tanto en forma de golosina callejera como de entrada para una opípara comida.

6 elotes sin pelar
¼ de litro (8½ oz) de crema o mayonesa
200 gramos (7 oz) de queso Cotija*
chile piquín en polvo al gusto
limones al gusto
sal al gusto

🌶 Si va a asar los elotes, primero quite las fibras doradas, llamadas pelos, que sobresalen de un extremo y remójelos en agua fría durante media hora.

🌶 Caliente moderadamente un asador y coloque los elotes, envueltos en sus hojas, directamente sobre la rejilla. Áselos durante unos 20 minutos, volteándolos con frecuencia, hasta que estén tiernos. Cuide que la flama no crezca demasiado para evitar que la superficie de los granos se queme en exceso.

🌶 Si los va a cocer, lave los elotes y póngalos, con hojas y pelos, en una olla grande con suficiente agua. Tape y caliente; cuando empiece a hervir, baje la flama a fuego lento y cocine hasta que estén tiernos. Mantenga la olla tapada aún después de retirarla del fuego.

🌶 Ya sea asados o cocidos, no los deje enfriar demasiado, y retire las hojas y los pelos al momento de servir cada elote en un plato.

🌶 La crema o mayonesa, el queso, el chile, los limones y la sal se presenta aparte para que cada comensal aderece el elote a su gusto, pero siempre del mismo modo: se unta el elote con el limón, encima se unta la crema o mayonesa y se espolvorea con queso, chile y sal, en ese orden.

Entremés ranchero

⏳ *20 minutos*
6 porciones

El término entremés se refería en el siglo XV a una especie de pantomima represen-tada en banquetes cortesanos, de donde surgió la acepción de "manjar entre dos platos principales", aunque en este caso, y pese a su nombre, más bien se consume entre los dos tiempos de un partido de futbol soccer.

150 gramos (5 oz) de jamón* en re-banadas

150 gramos de (5 oz) de queso ran-chero*

2 huevos cocidos

1 jitomate*

2 rebanadas de pan blanco

1 ramita de pere-jil

4 cucharadas so-peras de mayo-nesa

4 hojas grandes de espinaca

2 cucharadas so-peras de mante-quilla

aceite de oliva

pimienta recién molida

✒ Corte el queso en tiras y pique finamente el perejil. De-rrita la mantequilla en un sartén caliente con un poco de aceite.

✒ Descortece el pan, córtelo en cubitos y fríalos hasta que doren por todos lados.

✒ Corte el jitomate a la mitad y quítele el corazón. Rellene cada mitad con dos cucharadas de mayonesa.

✒ Aparte, con las hojas de espinaca haga una cama sobre un platón. Coloque alternadamente rollitos de jamón, tiras de queso y mitades de huevo cocido.

✒ Distribuya por encima los cubos de pan, espolvoree el perejil y la pimienta.

Esquites

⏳ *35 minutos*
6 porciones

La etimología de su nombre revela su esencia: proviene de la palabra náhuatl izquitl, y ésta a su vez de icequi (tostar en comal). Aunque en realidad los granos del elote no llegan a tostarse, sino que merced a su alto contenido de líquido se cuecen en su propio jugo sin necesidad de agua.

6 elotes tiernos
60 mililitros (2 oz) de aceite de maíz o cártamo
¼ de cebolla
10 chiles serranos*
4 ramas de epazote
queso fresco* al gusto
mayonesa al gusto
limón al gusto
sal al gusto

🌶 Pique la cebolla y los chiles; desgrane los elotes. Caliente el aceite en una sartén y sofría la cebolla.

🌶 Agregue los chiles, el epazote, sal y los granos de elote.

🌶 Saltee hasta que se evaporen los jugos (20 minutos aproximadamente) y los granos estén blandos.

🌶 Sirva en vaso o cuenco, aderezando con jugo de limón, mayonesa y queso desmoronado o rallado, en ese orden y sin mezclar.

Gorditas de frijol

⧗ 1 hota
6 porciones

En los tiempos en que las tortillas de maíz se hacían a mano, la expresión "tortilla gorda" hacía referencia a un tipo de mayor grosor que las de mesa y que más bien se usaban para viajes o para la labor en el campo. El ingenio popular dio en la idea de rellenarlas antes de cocerlas, aplicándoles de paso el diminutivo cariñoso.

1 kilogramo (1 lb) de masa de maíz

200 gramos (7 oz) de frijoles refritos (vea receta)

200 gramos (7 oz) de requesón

2 cebollas blancas

un ramo de cilantro

salsa picante al gusto (vea recetas)

sal al gusto

aceite de maíz o de cártamo, o manteca de cerdo

🖉 Pique la cebolla y el cilantro. Disuelva sal en un poco de agua y mezcle con la masa hasta obtener una textura tersa. Forme una bola de la que irá tomando porciones.

🖉 Embadurne un sartén o comal con aceite o manteca. Cuando esté bien caliente, baje un poco la flama.

🖉 Tome una porción de masa y extiéndala un poco, coloque un poco de frijoles o de requesón en el centro; envuelva con la masa y forme una bola. Aplane hasta obtener una tortilla de unos 11 cm (4½ pulgadas) de diámetro y 1.5 cm (1/2 pulgada) de ancho.

🖉 Váyalas poniendo sobre el comal o sartén, y déles vuelta para que se cuezan de los dos lados; deben quedar ligeramente doradas por fuera.

🖉 Sáquelas y cuando se hayan enfriado un poco, ábralas parcialmente con un cuchillo por el borde y ponga dentro cebolla, cilantro y salsa al gusto de los comensales. Sirva.

Entradas

Molletes caseros

En España y Colombia se conoce como mollete a un tipo de pan blanco de origen árabe que de alguna manera recuerda al bolillo* con el que se prepara este popular plato en México. Y aunque también se abre para untarlo, los ingredientes son completamente diferentes.

4 bolillos* o 4 tramos de baguette de 15 cm (6 pulgadas) de longitud cada uno

90 gramos (3 oz) de mantequilla o margarina

250 gramos (9 oz) de frijoles refritos (ver receta)

250 gramos (9 oz) de queso para gratinar

pico de gallo (ver receta) al gusto

🌶 Ralle el queso y reserve. Caliente el horno a 175 °C (347 °F). Parta los bolillos en dos a lo largo y horizontalmente. Quite el migajón y embadúrnelos de mantequilla por la parte interna.

🌶 Caliente un comal y coloque el pan boca abajo un par de minutos. Vaya retirando, unte con abundantes frijoles y rocíe con el queso.

🌶 Acomode en un refractario y hornee hasta que el queso se gratine y el pan se dore un poco. Sirva con el pico de gallo (ver receta) aparte para que cada comensal le ponga la cantidad a su gusto.

Picaditas caseras

En este sencillo plato se reúnen el más típico alimento prehispánico –el maíz– y uno de los productos europeos que mejor se aclimataron en México: el cerdo. Acaso por ello sea casi un símbolo nacional de nuestro mestizaje y, por supuesto, una magnífica entrada.

500 gramos (1 lb) de masa de maíz

¼ de tasa de agua

250 gramos (9 oz) de manteca de cerdo

1 cebolla grande

100 gramos (3½ oz) de queso añejo* o Cotija*

frijoles refritos (vea la receta)

salsa picante de su preferencia (vea las recetas)

sal al gusto

una hoja del árbol del plátano o un trozo de plástico

🌶 Mezcle muy bien un poco de agua y la sal con la masa de maíz, y forme una bola de la que se irán tomando las porciones.

🌶 Éstas deben bastar para formar, sobre la hoja de plátano o el plástico, unas tortillas de unos 8 centímetros (3 pulgadas) de diámetro y medio centímetro (1/5 de pulgada) de espesor.

🌶 Póngalas en un comal o plancha caliente sin aceite y váyalas volteando para que se cocinen por ambos lados.

🌶 Cuando estén casi cocidas, pellizque suavemente las orillas para formar un borde. Y conforme las vaya haciendo, guárdelas en un trapo o un recipiente térmico.

🌶 Pique la cebolla y desmorone el queso.

🌶 Luego, caliente muy bien la manteca de cerdo y, usando una cuchara, bañe con ella las tortillas, sobre el mismo comal.

🌶 Retírelas, úntelas con frijol (que debe estar aguado) y cúbralas con salsa, cebolla y queso al gusto.

Entradas

Picaditas veracruzanas

⏳ *30 minutos*
6 porciones

Según el cronista Bernal Díaz del Castillo, la fusión entre el maíz y la carne de animales del Viejo Mundo empezó con el banquete que celebraron los conquistadores por su victoria sobre los aztecas. Cerdos y vino tenían, pero tuvieron que comerlo —a falta de pan— con las tortillas indígenas.

1 kilogramo (2 lb) de masa de maíz

250 gramos (9 oz) de carne de res, cerdo o pollo

1 cebolla blanca

1 diente de ajo

250 gramos (9 oz) de queso fresco

salsa picante

sal al gusto

una hoja del árbol del plátano o un trozo de plástico

✒ Pique la cebolla y desmorone el queso. Reserve.

✒ Cueza la carne con un trozo de cebolla, ajo y sal. Deshébrela y reserve.

✒ Afloje la masa de maíz con un poco de agua y amase; forme una bola de la que se irán tomando porciones.

✒ Éstas deben bastar para formar, sobre la hoja de plátano o el plástico, unas tortillas de unos 8 centímetros (3 pulgadas) de diámetro y un centímetro (½ de pulgada) de espesor.

✒ Póngalas en un comal caliente sin aceite y váyalas volteando para que se cocinen por ambos lados.

✒ Cuando estén casi cocidas, pellizque suavemente las orillas para formar un borde. Rellene con salsa, un puñado de carne, cebolla y queso.

Quesadillas

Aunque en casi todo el territorio mexicano, y para ser coherentes con el nombre, se asume que van rellenas de queso, esto no parece hacer mella en los habitantes de la ciudad de México quienes están acostumbrados a especificar de qué quieren sus quesadillas entre numerosos rellenos disponibles.

1 kilogramo (2 lb) de masa de maíz

1 kilogramo (2 lb) de distintos rellenos, que pueden ser: queso Oaxaca, champiñones salteados, huitlacoche,* picadillo (ver receta), tinga de res o pollo (ver recetas), menudo (ver receta) picado finamaente o papas chirrionas (ver receta).

250 gramos (9 oz) de queso fresco*

¼ de litro (8½ oz) de crema

aceite de maíz o cártamo

salsa roja

salsa verde

🖋 Prepare la masa para hacer tortillas de maíz (ver receta).

🖋 Caliente un comal si van a ser asadas o, si va a ser fritas, un sartén con suficiente aceite para que tenga 2 o 3 cm (1 pulgada) de profundidad.

🖋 Elabore la tortilla de maíz (ver receta), un poco más gruesa si va a usar comal, y antes de cocerla ponga un puñado del relleno de su preferencia y dóblela en dos. Si va a freír una bien los bordes.

🖋 Cocine por ambos lados hasta que la masa esté perfectamente hecha. Si es quesadilla asada sirva inmediatamente y el comensal pone la salsa de su gusto por dentro.

🖋 Si frió, escurra previamente, ponga en un plato y unte crema en uno de los lados. El comensal pone sobre la crema la salsa de su preferencia.

Entradas

Quesadillas de cáscara de papa

⏳ *20 minutos*
6 porciones

Las papas* fueron para los incas lo que el maíz para los pueblos mesoamericanos y su devoción era tanta que las comían con cáscara pues creían que pelarlas provocaba en ellas un terrible llanto. Impensable para ellos este platillo que mestiza las dos grandes civilizaciones americanas.

125 gramos (4½ oz) de cáscara de papa* (más o menos las cáscaras de 1 kilogramo, o 2 lb, de papa)

1 diente de ajo

1 cebolla

2 chiles verdes

250 gramos (9 oz) de masa de maíz

200 gramos (7 oz) de harina

1 cucharadita de polvo de hornear

1 cucharadita de sal

125 mililitros (4 oz) de crema

2 huevos enteros

la clara de un huevo

manteca

✒ Pique finamente las cáscaras, lávelas y séquelas con un paño o papel absorbente.

✒ Ponga a derretir una cucharada de manteca y fría las cáscaras. Cuando estén transparentes, agregue el ajo, la cebolla y los chiles, todo picadito. Sazone con sal y deje hervir a fuego bajo tapando la cazuela para que queden jugosas. Cuando estén suaves, retírelas de la estufa.

✒ Aparte, mezcle la masa con la harina, el polvo de hornear y una cucharadita de sal; agregue los huevos, una cucharada de manteca y la crema para formar una pasta manejable.

✒ Con esta pasta haga bolitas y enharínelas. Extiéndalas con un rodillo y córtelas con un molde redondo.

✒ Ponga un poco de relleno en el centro de cada tortilla. Barnice las orillas con clara de huevo y cierre las quesadillas.

✒ Fríalas en manteca bien caliente.

✒ Sirva con lechuga y rabanitos.

Sincronizadas

⏳ *20 minutos*
6 porciones

Este bocadillo México se lo debe a la modernidad; de origen más que oscuro y de nombre nada tradicional, surgió a partir de la aparición en la dieta urbana de la pierna de cerdo procesada industrialmente en salmuera que se comercializa en rebanadas. Hoy está presente en muchísimas fondas y restaurantes.

12 tortillas de harina de trigo o de maíz

200 gramos (7 oz) de queso manchego

200 gramos (7 oz) de jamón* en rebanadas

chile chipotle* en adobo

aceite de maíz o cártamo

guacamole (ver receta) o pico de gallo (ver receta) al gusto

🌶 Corte el queso en rebanadas delgadas. Coloque sobre seis de las tortillas una rebanada de jamón, queso y ½ cucharada cafetera del adobo del chile chipotle.*

🌶 Caliente a fuego medio un comal y, si va a usar tortillas de maíz, unte aceite con una brocha. Coloque la tortilla con los ingredientes y cubra con otra.

🌶 Ase hasta que el queso empiece a derretirse; voltee y ase el otro lado. Retire, ponga sobre un plato y corte en cuatro. Acompañe cada sincronizada con guacamole o pico de gallo.

Entradas

Sopes

A pesar de su modestia, este platillo es omnipresente geográfica y socialmente, al grado que Dominga Rodríguez López, vendedora ambulante de sopes en Colima, fue llamada a Los Pinos —residencia oficial de los presidentes de México—, para deleitar con sus habilidades culinarias a dos de tan prominentes inquilinos.

900 gramos (2 lb) de harina de maíz para tortillas

1 cucharada de manteca*

½ litro (1 pt) de agua tibia

250 gramos (9 oz) de frijoles refritos

250 gramos (9 oz) de carne de pollo

lechuga picada

1 taza de queso fresco rallado

aceite de maíz o cártamo

salsa verde o roja, al gusto (ver recetas)

🌶 Cueza el pollo y deshébrelo. Reserve. Con la harina de maíz, el agua y la manteca forme una masa uniforme.

🌶 Forme tortillas de maíz (ver receta), pero con un grosor de ½ cm (¼ de pulgada), aproximadamente.

🌶 Póngalos a cocer en el comal.

🌶 Cuando ya estén cocidos, con los dedos pellizque las orillas del sope para formar un borde alto y grueso.

🌶 Fría los sopes, empezando por el lado del borde.

🌶 Voltéelos y únteles frijoles.

🌶 Añada una capa de pollo, otra de lechuga y espolvoréeles el queso.

🌶 Por último, báñelos con salsa.

Tacos de suadero

Más allá de la definición genérica del taco, algunas preparaciones tienen un nombre propio que define al taco y a la taquería donde se expenden, como el caso del suadero, una parte del costillar de la res cercano a la falda, aunque suele prepararse con cortes parecidos.

1 kilogramo (2 lb) de tapa de aguayón*
1 naranja
salsa inglesa
sal y pimienta al gusto
1 taza de aceite
½ cebolla
1 manojo de cilantro
tortillas
salsa roja

🌶 Lave la carne y séquela.

🌶 Sazónela con sal y pimienta y póngala en un tazón.

🌶 Exprima la naranja sin partirla y bañe la carne.

🌶 Añada la salsa inglesa e incorpore la naranja y deje marinar por lo menos seis horas.

🌶 Pique el cilantro y la cebolla.

🌶 Vierta el aceite en una sarteneta, colóquela al fuego y agregue la carne.

🌶 Mantenga a fuego medio hasta que la carne esté tierna.

🌶 Saque la carne, córtela en cubos pequeños y regrésela al fuego.

🌶 Salpique las tortillas con esta grasa y caliéntelas en un comal a flama alta.

🌶 Forme los tacos, rocíelos con cebolla y cilantro picados, y póngales una cucharada de salsa.

Tacos al pastor

⏳ *1 hora 30 minutos y un día previo*
6 porciones

Tal vez los tacos sean el platillo mexicano por excelencia; y entre sus numerosas variedades, el taco al pastor es de los más prominentes. Por ello, sorprende saber que por su carne y su manera de prepararse es similar a un bocadillo turco que se vende en Alemania como comida rápida bajo el nombre de döner kebab.

1.5 kilogramos (3 lb) de bisteces* de cerdo, delgados
12 chiles pasilla*
12 chiles guajillo*
5 dientes de ajo
1 cucharada cafetera de orégano
½ cucharada cafetera de comino
½ cucharada cafetera de canela en polvo
¼ cucharada cafetera de clavo en polvo
1 cucharada cafetera de azúcar
400 mililitros (13½ oz) de vinagre blanco
1 trozo de piña*
sal al gusto
aceite de maíz o de cártamo
cebollas
cilantro
salsa picante
tortillas de maíz

✒ Una noche, o al menos cinco horas, antes, quite las semillas y las venas* a los chiles y póngalos a cocer en el vinagre, a fuego lento, hasta que estén suaves. Licue los chiles con el mismo vinagre, cuélelos. Añada el ajo, el orégano, el comino, la canela, el clavo y el azúcar y vuelva a licuar hasta lograr una consistencia cremosa. Si es necesario, añada más vinagre.

✒ En un sartén, ponga a calentar un poco de aceite y añada la pasta. Muévala constantemente y déjela hervir durante unos 10 minutos a fuego lento. Apague y déjela enfriar.

✒ Embadurne los bisteces uno a uno, parejo pero sin poner adobo en exceso. Vaya ensartándolos por el centro en una brocheta grande, una espada o una varilla, doblando las orillas hacia el centro para que adquieran una forma pareja. Deje reposar.

✒ Al día siguiente, o al menos cinco horas después, pique cebolla y cilantro por separado. Reserve.

✒ Coloque media cebolla y un buen trozo de piña* en el extremo de la brocheta y ponga a los bisteces al carbón o a la leña, de modo que se vayan cocinando de las orillas hacia el centro. Vaya girando la brocheta un poco cada vez para que se cuezan parejo.

✒ Cuando las orillas de los bisteces estén doradas, empiece a cortarlas a lo largo de la brocheta.

✒ Remoje las orillas de las tortillas en un poco de aceite y extiéndalas sobre un comal caliente de modo que se impregnen de la grasa. Deben quedar muy calientes y suaves, no tostadas.

☞ Coloque un puñado de carne cocida sobre cada tortilla y, si así lo desea, un trocito de piña y vaya sirviendo. La cebolla, el cilantro y la salsa se presentan aparte y por separado para que los comensales se sirvan a su gusto.

☞ La carne que queda en la brocheta se sigue asando del mismo modo y conforme se va dorando se corta para preparar más tacos.

Tacos sudados

⌛ 1 hora
6 porciones

Los vendedores de tacos sudados son aún un tipo popular de las ciudades del centro de México, en donde se les puede hallar con su clásica bicicleta en cuya parte trasera cargan una enorme canasta de mimbre llena de estos bocadillos envueltos en una gran servilleta de tela y un no menos vasto recipiente con chiles.

500 gramos (1 lb) de pulpa de cerdo

18 tortillas recién hechas

½ tortilla seca

5 chiles anchos*

2 chiles pasilla*

½ cebolla

1 diente de ajo

3 cucharadas soperas de cacahuates tostados

sal al gusto

pimienta al gusto

aceite de maíz o de cártamo

🌶 Cueza la carne, escúrrala y deshébrela. Reserve el caldo.

🌶 Ase los chiles, quíteles las semillas y las venas* y póngalos a remojar en un poco del caldo. Fría la media tortilla.

🌶 Licue los chiles con la cebolla, el ajo, la tortilla frita, los cacahuates,* sal y pimienta. Agregue un poco de caldo y la carne. Hierva a fuego muy lento hasta que la carne esté muy hecha y la mezcla espese, sin que quede seca.

🌶 Sin dejar que se enfríe, ponga una porción dentro de cada tortilla y doble ésta a la mitad. Váyalos apilando dentro de una vaporera para que suden. No los saque hasta que los vaya a servir y acompáñelos con chiles jalapeños* (ver receta).

🌶 Si desea y para mayor variedad, puede hacer lo mismo con otro guiso, como chicharrón en salsa verde, tinga, frijoles refritos (ver recetas) o incluso un simple puré de papa con cebolla y sin leche.

Tlacoyos estilo Hidalgo

⧗ *1 hora 15 minutos*
6 porciones

El término tlacoyo es una variación de la palabra náhuatl tlatlaoyo, en referencia a la forma alargada que tiene. Existen innumerables versiones de relleno a lo largo del territorio mexicano, pero en Hidalgo lo prefieren con chícharos.

1 kilogramo (2 lb) de masa de maíz*

250 gramos (9 oz) de manteca de cerdo

10 tomates verdes*

1 kilogramo (2 lb) de chícharos

3 ramitas de cilantro

chile serrano* al gusto

sal al gusto

aceite de maíz o de cártamo

✐ Pique el cilantro y reserve. Cueza lo chícharos con un poco de sal y macháquelos

✐ Revuelva la masa con la manteca hasta que quede homogénea

✐ Vaya tomando porciones de masa y chícharos para formar una bola con éstos en el centro. Luego aplánela y déle una forma alargada; debe obtener unas gorditas de aproximadamente 1 cm (1/2 pulgada), 9 cm (3½ pulgadas) de ancho y 18 cm (7 pulgadas) de largo con los extremos picudos.

✐ Póngalas en un comal caliente sin aceite y váyalas volteando para que se cocinen por ambos lados. Y conforme las vaya haciendo, guárdelas en un trapo o un recipiente térmico.

✐ Pele los tomates y lícuelos con el chile serrano en un poco de agua con sal. Ponga aceite en un sartén y fría esta salsa hasta que sazone. Vierta en un recipiente

✐ Unte otro sartén con un poco de aceite y vaya friendo los tlacoyos. Vaya retirándolos y vierta encima porciones de salsa al gusto; espolvoree con el cilantro.

Entradas

Torta cubana

Por supuesto que en Cuba no tienen mayor idea de su existencia, pero en la Ciudad de México es solicitada a toda hora hasta bien entrada la madrugada. Es la reina de las tortas, bocadillo que a partir del mismo mecanismo básico se elabora con distintos rellenos.

1 pan blanco, de preferencia telera bolillo* o un tramo de baguette ancha

1 rebanada de jamón*

1 rebanada de queso amarillo*

1 rebanada de queso panela*

1 chorizo

1 puñado de queso Oaxaca*

2 salchichas Viena

1 huevo

3 cucharadas soperas de frijoles refritos (ver receta)

2 cucharadas soperas de crema o mayonesa

2 o 3 rebanadas de jitomate

4 a 8 aros de cebolla crudos

¼ de aguacate* Hass

1 puñado de lechuga rebanada

1 cucharada sopera de mantequilla o margarina

chiles jalapeños* en rajas o chipotles* en adobo

✒ Ponga a freír el chorizo, desbarátelo y añada el huevo para hacer una tortilla. Reserve. Abra, las salchichas a lo largo y fríalas hasta que doren. Reserve. Deshebre el queso Oaxaca.

✒ Rebane horizontalmente el pan en dos tapas y retire el migajón. Caliente un comal o plancha y deshaga la mantequilla de tal manera que se extienda los suficiente para colocar sobre ella, boca abajo, las tapas de pan.

✒ Cuando el pan haya absorbido la mantequilla, embadurne los frijoles en la tapa inferior y póngala boca arriba sobre la plancha. Haga lo mismo con la tapa superior y la crema o mayonesa.

✒ Sin retirar de la plancha coloque sobre los frijoles la tortilla de huevo, el queso amarillo, el jamón, las salchichas, el queso panela, el queso Oaxaca, el jitomate, la cebolla y la lechuga. Con una cuchara vaya sacando y poniendo encima la pulpa del aguacate.

✒ Finalmente, añada los chiles y cierre con la tapa superior. Retire del fuego. Es esencial la continuidad para que el pan no se queme y por cada persona extra, calcule otro tanto de los ingredientes.

Totopos

Esta sencilla pero deliciosa fritura suele usarse a modo de cuchara para comer frijoles, salsas, guacamole y a alimentos similares. En Oaxaca y Chiapas aún puede hallarse su versión prehispánica, que es una tostada* redonda de maíz, dorada sin aceite en un comal.

tortillas de maíz frías

aceite de maíz o de cártamo

sal al gusto

☞ Tome cada cuatro tortillas y, con un cuchillo, córtelas en triángulos o cuadrados de unos 6 cm (2½ pulgadas) de lado. Extienda sobre un platón o rejilla para que se sequen durante varias horas.

☞ Cuando se hayan endurecido, ponga abundante aceite en un sartén grueso y cuando esté bien caliente eche un puñado de piezas y revuelva hasta que se doren ligeramente, sin permitir que adquieran un color oscuro.

☞ Sáquelas y escúrralas. Póngales sal mientras estén calientes. Vaya poniendo los totopos en un recipiente térmico o cúbralos con un trapo de cocina seco.

Tostadas chiapanecas

⏳ *45 minutos*
4 porciones

Lo que define el sabor de este plato propio de Comitán es la mezcla del sabor de la carne y el del limón, la cual se puede realzar con la presencia del camarón, a semejanza de otra especialidad chiapaneca que son los tamales de juacané.

- 200 gramos (14 oz) de camarones cocidos
- 200 gramos (14 oz) de carne molida de res (o de falda de res, deshebrada)
- 1 cebolla mediana picada
- 1 jitomate*
- 1 chile serrano*
- 2 ramitas de cilantro
- ¾ de taza de jugo de limón (o ½ si usa carne deshebrada)
- sal al gusto
- pimienta al gusto
- 12 tostadas* de tortilla de maíz

☛ Pique el jitomate y el cilantro. También el chile, muy finamente. Combine la cebolla, el jitomate, el chile, el cilantro, ¼ de taza de jugo de limón, sal y pimienta.

☛ Sumerja los camarones en la mitad de esta mezcla y revuelva.

☛ Ponga a marinar la carne molida en media taza de jugo de limón hasta que esté cocida (o sólo bañe la carne deshebrada con un ¼ de taza de jugo de limón, sin dejarla mucho tiempo).

☛ Ponga la otra mitad de la mezcla sobre la carne y revuelva.

Incorpore todo y sirva en las tostadas.

Tostadas de pata

En México, la palabra tostada se refiere inequívocamente a las tostadas de maíz, ya sea fritas o asadas, y no al pan. En el presente son un producto comercial, ya que sirven de base a diferentes preparaciones, aunque las de pata probablemente sean las más populares de todas.

2 tazas de frijoles refritos (ver receta)

4 manitas de puerco en escabeche

1 lechuga

4 aguacates

250 (9 oz) gramos de queso fresco

1 cebolla blanca grande

16 tostadas

4 chiles cuaresmeños*

aceite de maíz o de cártamo

☛ Deshuese y pique lasa manitas de cerdo. Pique finamente la lechuga. Ralle el queso. Rebane finamente la cebolla y el chile. Corte el aguacate en gajos.

☛ Cada tostada se unta con frijoles, encima se pone un puñado de pata, seguido de un poco de cebolla y lechuga, después aguacate y chile, y al final el queso.

☛Se sirven inmediatamente para evitar que las tostadas se humedezcan.

Especialidades

Es de confesar que existe un cierto tipo de platillos mexicanos que no son un tipo. Son manjares de una individualidad tan fuerte, de un carácter tan recio que no admiten etiquetas. Y aunque muchos se cuentan entre los más paradigmáticos de la cocina mexicana, lo es cada uno por su cuenta, no en conjunto.

Veamos: ¿qué tiene de común el cabrito con los chiles en nogada, o éstos con el mole poblano y éste, a su vez con el pozole?

Por supuesto, siempre los ronda la trinidad maíz-chile-frijol, si no directamente, por acompañamiento. Pero eso, y su fama nacional e internacional, son elementos de una cohesión tan frágil que muestra sus grietas ante una mirada mínimamente atenta.

No tienen un sabor parecido, no comparten un kit básico de ingredientes, no provienen de la misma región, no datan de la misma época, no son fruto de una misma raíz gastronómica.

Pero eso sí: de algún modo son tremendamente mexicanos.

Y muchos de ellos son obras maestras reconocidas del arte de cocinar.

Pero si no hay descripción ni explicación que los abarque, siempre queda el recurso de enfrentarlos en la mesa, de percibir su implícita mexicanidad no por medio del discurso sino abandonándose a la sensualidad del paladar.

Y para que pueda darse una idea, lector, así sea intuitiva, hemos tratado de reunir una muestra que no represente obstáculos insalvables en su elaboración, incluyendo la joya de la corona: la simple pero esencial tortilla de maíz.

Aunque muy lejos de la espectacularidad de muchas viandas, ninguna como ella, al elaborarla y paladearla recién hecha, sin más aliño que unos cuantos granos de sal, para dar fe de la esencia de la cocina mexicana.

Budín azteca

⧖ 45 minutos
4 porciones

Este platillo surgió en el siglo XX, pero no le va mal el nombre, ya que tiene como base dos de los alimentos fundamentales de los pueblos prehispánicos: el maíz y el chile, los cuales siguen despertando, después de tantos siglos, la inventiva culinaria de los mexicanos.

10 tortillas

100 gramos (3½ oz) de chile pasilla

150 gramos (5 oz) de queso crema

¼ de litro (8½ oz) de crema

¼ de litro (8½ oz) de agua

aceite de maíz o de cártamo

sal al gusto

🌶 Desmorone el queso. Ase los chiles, pélelos y quíteles las semillas y las venas,* y póngalos a remojar. Escúrralos y fríalos en un sartén con aceite, cuidando que no se resequen mucho. Sáquelos y reserve.

🌶 En el mismo aceite en que frió los chiles, saltee las tortillas. No deben dorarse.

🌶 Caliente el horno a 250 °C (482 °F) y unte una fuente refractaria.

🌶 Disponga las tortillas. Agregue el queso y la crema sazonados con sal. Recubra con los chiles.

🌶 Añada una taza de agua, tape y meta al horno hasta que se haya evaporado el exceso de líquido. Se sirve caliente.

Chayotes al gratín

⏳ *25 minutos*
4 porciones

Este sabroso vegetal, con importantes propiedades diuréticas, es muy típico del centro y sur de México, donde solía cultivarse en los huertos familiares junto a plantas arbóreas y paredes por las cuales trepaba y usaba como sostén.

3 chayotes* grandes

100 gramos (3½ oz) de tocino

1 trozo de cebolla blanca

1 pimiento morrón

¼ de litro (8½ oz) de crema

3 cucharadas soperas de pan molido

pimienta al gusto

sal al gusto

🌶 Pique el tocino, la cebolla y el pimiento morrón.

🌶 Cueza los chayotes, pártalos en mitades a lo largo y sáqueles la pulpa con una cuchara.

🌶 Fría el tocino con una cucharada sopera de cebolla picada y el pimiento. Añada la pulpa del chayote, luego la crema y sazone con sal y pimienta.

🌶 Rellene los chayotes con la mezcla y espolvoree el pan molido. Hornee a 170 °C (338 °F) durante 20 minutos.

Especialidades

Chicharrón en salsa verde

⏳ *30 minutos*
4 porciones

Desde 1522, Hernán Cortés introdujo diversos animales domésticos europeos en México, incluyendo el cerdo, pero la primera explotación a escala comercial tuvo lugar una década después en Puebla, lo que le ganó a sus habitantes el mote de "poblanos chicharroneros".

250 gramos (9 oz) de chicharrón* carnudo

10 tomates verdes*

3 chiles serranos* o cuaresmeños*

2 dientes de ajo

1/2 cebolla

8 ramitas de cilantro

sal al gusto

aceite o manteca

✎ Pele los tomates, lávelos y póngalos a cocer, junto con los chiles, en un poco de agua.

✎ Apenas cambien de color, muélalos, en esa misma agua, junto con la cebolla, el ajo y el cilantro.

✎ Aparte, ponga a calentar el aceite o la manteca en una cazuela.

✎ Añada la salsa y deje hervir.

✎ Incorpore el chicharrón en trozos medianos, y agregue la sal.

✎ Mantenga a fuego bajo, hasta que el chicharrón esté suave. (Puede añadir agua para que la salsa no espese demasiado.) Si desea, sirva acompañado de ensalada de nopales (ver receta).

Chilacas

Prácticamente dos estados concentran la producción de este chile: Chihuahua, en el norte, y Michoacán, en el Bajío. Comparten, pese a estar tan distantes, este platillo, con una deliciosa discrepancia: unos lo elaboran con queso cocido y los otros con queso fresco.

4 chilacas* o 4 chiles poblanos*
2 cebollas en rodajas
aceite
1/4 de litro (8½ oz) de crema
queso fresco* al gusto

☛ Tueste las chilacas y póngalas a sudar dentro de una bolsa de plástico.

☛ Quíteles la piel, las semillas y las venas.*

☛ Córtelas en tiritas.

☛ Ponga a freír la cebolla en un poco de aceite y en seguida agregue las chilacas.

☛ Añada la crema y deje a fuego bajo unos minutos.

☛ Poco antes de servir agregue el queso.

Especialidades

Chilaquiles

Un platillo que nació para aprovechar las tortillas frías del día anterior, por lo que se le considera fundamentalmente como un sustancioso y reparador desayuno, en especial tras una noche de celebración, en cuyo caso es conveniente aumentar la proporción de chile.

½ pechuga de pollo (aproximadamente 350 gramos o 12 oz)

14 tortillas frías

750 gramos (1 lb 10 oz) de tomates verdes* o de jitomates*

250 gramos (9 oz) de queso fresco*

¼ de litro (8½ oz) de crema

¾ de litro (1 pt. 9 oz) de agua

2 cebollas blancas

4 dientes de ajo

1 rama de epazote*

3 ramas de perejil

chile serrano* al gusto

sal al gusto

aceite de maíz o de cártamo

🖋 Desmorone el queso y rebane finamente una de las cebollas. Cueza el pollo en el agua con media cebolla, dos dientes de ajo, el perejil y sal. Cuando el pollo esté tierno, retire del fuego, deje enfriar, desmenuce la carne y cuele y reserve el caldo.

🖋 Corte las tortillas en cuadros de 2.5 cm (1 pulgada). Caliente abundante aceite en un sartén y fríalos sin que se doren en exceso. Escurra y reserve.

🖋 Licue los tomates o jitomates con otra media cebolla, el ajo restante y los chiles. Caliente aceite en una cacerola, fría la salsa y sazone con sal. Añada dos terceras partes del caldo que reservó y cuando empiece a hervir, baje la llama a fuego lento. Deje que espese un poco hasta tener una consistencia cremosa; si quedó muy espesa añada más caldo.

🖋 Cuando la salsa esté en su punto, añada las tortillas fritas. Deje el tiempo suficiente para que se empapen de la salsa pero no deje que se deshagan. Sirva y añada encima crema, queso y cebolla rebanada.

🖋 Si desea los puede acompañar con una porción de frijoles refritos o de la olla (ver recetas) a un lado.

Chiles rellenos

⏳ *1 hora*
4 porciones

Aunque los más usuales son los que albergan queso o carne molida, tampoco es infrecuente encontrarlos rellenos de atún, sardina o frijoles ya que se le considera un plato apropiado para los días de guardar, en especial la Cuaresma y la fiesta de *Corpus Christi*.

8 chiles poblanos*

400 gramos (14 oz) de queso fresco*

200 gramos (7 oz) de carne de res molida

200 gramos (7 oz) de carne de cerdo molida

750 gramos (1 lb 10 oz) de jitomate*

2 zanahorias

1 papa blanca

1 cebolla blanca

4 dientes de ajo

6 huevos

100 gramos (3½ oz) de harina

2 hojas de laurel

1 ramita de tomillo

pasas al gusto

almendras al gusto

sal al gusto

aceite de maíz o de cártamo

papel absorbente-

✒ Corte las zanahorias y la papa en cubitos. Pique finamente, por aparte, la mitad de la cebolla, dos dientes de ajo y las almendras. Licue la tercera parte del jitomate.

✒ Ponga un poco de aceite en un sartén y fría las carnes; cuando pierdan el color rosado, añada cebolla y el ajo picados, así como las zanahorias y la papa. Siga friendo y añada el jitomate, sazone con sal y agregue las almendras y las pasas. Deje secar.

✒ Ase muy parejo los chiles, pero sin que se quemen, en el comal y envuélvalos en una servilleta de tela ligeramente húmeda hasta que se les desprenda la piel. (Con este mismo fin algunos cocineros prefieren usar una bolsa de plástico para que los chiles "suden".) Retire con la mano los restos de piel, pero sin lastimar la carne.

✒ Con mucho cuidado, abra cada chile por un lado y con una cuchara cafetera retire las semillas y las venas. Luego, ponga a desflemarlos en agua con un poco de sal durante 20 minutos.

✒ Divida en cuatro partes el queso y la carne, y rellene la mitad de los chiles con el primero y la mitad con la segunda; cierre con un palillo.

✒ Agregue un poco de sal a la harina y bata los huevos en un recipiente. Bañe los chiles por completo en el huevo para luego revolcarlos en la harina. Caliente aceite en un sartén y fríalos hasta que queden dorados y esponjados. Quite el exceso de grasa con papel absorbente.

Licue juntos los jitomates, la cebolla y el ajo restantes. Fría esta salsa y añada el tomillo, el laurel y un poco de agua. Sazone con sal y deje hervir a fuego lento unos minutos.

Los chiles se sirven bañados en este caldillo muy caliente.

Chiles en nogada

Cuenta la leyenda que este platillo fue creado ex profeso para celebrar el paso de Agustín de Iturbide por la ciudad de Puebla, luego de la consumación de la Independencia de México. Así, el verde, el blanco y el rojo también se hicieron presentes en esta obra maestra de la cocina mexicana.

8 chiles poblanos*

250 gramos (9 oz) de manteca

5 dientes de ajo

1 cebolla

250 gramos (9 oz) de lomo de cerdo

250 gramos (9 oz) de aguayón*

400 gramos (14 oz) de jitomate*

50 gramos (1¾ oz) de pasas

50 gramos (1¾ oz) de almendras

2 acitrones*

2 duraznos

2 peras

1 granada

½ cucharada cafetera de canela en polvo

2 cucharadas soperas de harina

3 huevos

50 nueces de Castilla

50 gramos (1¾ oz) de almendras sin piel

100 gramos (3½ oz) de queso de cabra

½ litro (1 pt) de

🖊 Desgrane perfectamente la granada, pique el perejil y reserve.

🖊 Tueste bien los chiles, sin que se quemen, en el comal y envuélvalos en una servilleta de tela ligeramente húmeda hasta que se les desprenda la piel. (Con este mismo fin algunos cocineros prefieren usar una bolsa de plástico para que los chiles "suden"). Retire con la mano los restos de piel, pero sin lastimar la carne.

🖊 Con mucho cuidado, abra cada chile por un lado y con una cuchara cafetera retire las semillas y las venas. Luego, ponga a desflemarlos en el agua con un poco de sal durante 20 minutos.

🖊 Para el relleno, pique finamente la cebolla y el ajo, y corte en cubitos las frutas y el acitrón. Pique o muela (al gusto) las carnes. También, ase los jitomates y páselos por un colador.

🖊 Ponga un sartén al fuego, caliente la manteca y acitrone la cebolla y el ajo, añada las carnes y, cuando estén bien fritas, agregue el jitomate, las pasas, las almendras sin piel, el acitrón y las frutas. Sazone todo con sal, pimienta, canela y una pizca de azúcar.

🖊 Rellene los chiles con la mezcla anterior y páselos por la harina.

🖊 Para la nogada, retire lo mejor que pueda la piel de las nueces y muélalas con las almendras y el queso. Agregue la

leche
1 litro (¼ de gal) de agua
1 cucharada sopera de perejil
pimienta al gusto
sal al gusto
azúcar al gusto

leche necesaria para formar una salsa espesa y sazónela con un poco de azúcar.

Bata las claras de los huevos a punto de turrón y agregue las yemas y una pizca de sal. Luego, pase cada chile enharinado por el huevo batido y fríalo en manteca bien caliente.

Coloque los chiles en un platón, cúbralos con la nogada y adorne con los granos de granada y el perejil picado. Deben servirse inmediatamente.

Especialidades

Enchiladas mineras

⏳ *30 minutos*
4 porciones

Este plato data de finales del siglo XVII, cuando Guanajuato aún era un importante centro minero y, según la tradición, fue creado por una mujer que vendía comida a los gambusinos, muchos de los cuales eran de otras partes, por lo que padecían de añoranzas gastronómicas que fueron satisfechas por la creativa cocinera.

12 tortillas
15 chiles guajillos*
500 gramos (1 lb) de jitomate
500 gramos (1 lb) de queso ranchero
2 piernas de pollo
2 muslos de pollo
1 cebolla blanca grande
1 lechuga orejona
500 gramos (1 lb) de papas
500 gramos (1 lb) de zanahorias
1 diente de ajo
1 pizca de comino
½ cucharada cafetera de orégano seco
chiles jalapeños* al gusto
sal al gusto
manteca de cerdo o aceite de maíz o de cártamo

🌶 Pele las papas y las zanahorias, cuézalas con el pollo, escúrralas y córtelas en cubitos. Corte los chiles jalapeños en tiras (rajas); pique la lechuga; pique la cebolla finamente; desmorone el queso. Mezcle cuatro quintas partes de queso con la cebolla; el resto, resérvelo.

🌶 Ase los chiles guajillos y quíteles las semillas y las venas.* Lícuelos con el ajo, el comino, el orégano y sal.

🌶 Caliente aceite o manteca en un sartén, pase una tortilla por la salsa y fríala; sáquela, póngale un buen puñado de queso con cebolla y enróllela. Haga lo mismo con las demás y vaya acomodándolas en cada plato. Si es necesario, ponga más aceite en el sartén.

🌶 En la misma grasa sofría las zanahorias y las papas; cubra la enchiladas con ellas, encima ponga la lechuga, espolvoree con el queso

restante y adorne con las rajas de queso.

🌶 Fría en el mismo sartén las piezas de pollo y ponga una en cada plato, al lado de las enchiladas.

Enchiladas potosinas

⏳ *3 horas*
6 porciones

Estas enchiladas nacieron en Soledad de los Ranchos, una población de lo que hoy es San Luis Potosí, fundada a fines del siglo XVII en medio del auge minero que vivía por aquel entonces la región. Junto con el rebozo, esta vianda es emblema de los potosinos.

1 kilogramo (2 lb) de harina de maíz

500 gramos (1 lb) de queso añejo*

100 gramos (3½ oz) de chile ancho*

250 gramos (9 oz) de tomate verde*

250 gramos (9 oz) de jitomate*

6 dientes de ajo

2 cebollas

1 ramo de cilantro fresco

queso fresco* al gusto

chiles serranos* al gusto

sal al gusto

✒ Quite las semillas y las venas a los chiles. Cuézalos en abundante agua y lícuelos con una parte de la misma agua, tres dientes de ajo y sal. Cuele.

✒ Añada la mezcla a la harina de maíz y amase hasta que todo quede bien integrado y de una consistencia suave; haga bolitas del tamaño de una pelota de golf. Tape con un trapo húmedo y déjelas reposar una hora.

✒ Caliente el resto del agua de chile y cueza en ella los tomates, los chiles serranos, media cebolla y el ajo restante. Hierva 20 minutos y escurra, desmorone, separados, el queso añejo y el queso fresco y pique la cebolla restante. Reserve.

✒ Pique el cilantro y muélalo ligeramente con los ingredientes hervidos para formar una salsa espesa. Caliente esta salsa y cuando empiece a hervir añádale el queso añejo, revolviendo bien y retire del fuego.

✒ En un sartén caliente abundante aceite. Haga tortillas (ver receta) con las bolitas de masa, pero antes de cocerlas ponga en cada una porción de la salsa de queso y doble en dos, uniendo bien los bordes para que no quede ninguna abertura.

✒ Fríalas de ambos lados, escurra y sírvalas espolvoreadas con cebolla picada y queso fresco. Si gusta puede acompañar con guacamole (ver receta).

Enchiladas verdes

⏳ *30 minutos*
4 porciones

Las enchiladas son otro platillo que tiene innumerables versiones, pero unidas por el rasgo común de elaborarse con tortillas bañadas en alguna clase de salsa picante; sin embargo, los dos tipos más representativos en un sentido nacional son las enchiladas de mole y, por supuesto, las verdes.

1 kilogramo (2 lb) de pechuga de pollo
1.5 kilogramos (3 lb 5 oz) de tomate verde*
18 tortillas de maíz
¼ de litro (8½ oz) de crema
250 gramos (9 oz) de cualquier queso fresco*
9 chiles serranos*
1 ½ cebollas blancas
1 cabeza de ajo
aceite de maíz o de cártamo
sal al gusto

🌶 Rebane finamente una cebolla y desmorone el queso. Cueza el pollo con ½ cebolla, ½ cabeza de ajo y sal. Deje que se enfríe, sáquelo, escúrralo, deshuéselo, quítele la piel y desmenúcelo. Reserve la carne desmenuzada.

🌶 Cueza los tomates y los chiles a fuego medio-alto de 10 a 15 minutos. Licue tomates, chiles y tres dientes de ajo para obtener una mezcla homogénea.

🌶 Caliente 60 mililitros (2 oz) de aceite en una cacerola hasta que empiece a humear. Añada la salsa de tomate y fríala, sin dejar de revolver, hasta que empiece a burbujear. Baje la flama a fuego lento y cocine unos minutos hasta que la salsa empiece a espesar. Agregue una cucharada sopera de sal y si es necesario añada un poco más; la salsa debe quedar un poco pasada de sal. Manténgala caliente.

🌶 En un sartén caliente muy bien abundante aceite. Pase cada tortilla por el aceite para suavizarla y luego por la salsa; ponga encima una porción de pollo deshebrado, enróllela y póngala con la unión hacia abajo en un molde refractario. Cuando acabe con las tortillas, cúbralas con el resto de la salsa.

🌶 Caliente el horno a 180 °C (356 °F) y hornee las enchiladas unos 10 minutos. Sáquelas y cúbralas con la crema, las rebanadas de cebolla y el queso. Sirva de inmediato.

Ensalada Nimo

⏳ *30 minutos*
6 porciones

Más de la mitad del área de la ciudad de México, pese a ser una de las mayores urbes del mundo, es todavía una zona rural con una larga tradición en el cultivo de legumbres y hortalizas, como Xochimilco y Milpa Alta, de donde surgen suculentos platos prácticamente sin intervención del mundo animal.

250 gramos (9 oz) de papitas* cambray

2 zanahorias grandes, peladas y en rodajas

1 chayote,* pelado y cortado en cubos grandes

½ taza de chícharos* cocidos

1 cucharada de mantequilla

¼ de cebolla morada picada grueso

1 cucharada de perejil picado

1 pizca de orégano seco molido (no en polvo)

1 cucharadita de vinagre de manzana o blanco

✒ Ponga a derretir la mantequilla en un sartén sin dejar que caliente demasiado.

✒ Agregue y saltee los vegetales en este orden y con intervalos de dos minutos: papitas, zanahorias y chayote.

✒ Déles una vuelta más y retire del fuego; incorpore los chícharos y revuelva con cuidado de no maltratar los vegetales salteados.

✒ Páselos a una fuente, añada la cebolla y revuelva.

✒ Bañe con el vinagre.

✒ Por último, espolvoree el orégano y el perejil.

Ensalada de chayotes

La planta de chayote* es una de las pocas que se puede comer en su totalidad y prepararse casi de cualquier forma.

5 chayotes tiernos y verdes
1 cebolla mediana
½ cucharada sopera de orégano
3 cucharadas soperas de aceite de oliva
1 cucharada sopera de vinagre
1 cucharada sopera de agua
sal al gusto

⧗ 30 minutos
6 porciones

✒ Cueza los chayotes en agua y, una vez fríos, pártalos en cuadritos de regular tamaño.

✒ Pique la cebolla finamente. Mezcle el aceite con el vinagre y una cucharada de agua, luego agregue la cebolla picada.

✒ Ponga los chayotes en una ensaladera, vierta encima el aderezo de aceite, vinagre y cebolla, revuelva bien y cubra con el orégano.

Euchepos

Exquisitos tamales michoacanos, heredados de los antiguos purépechas, que se distinguen del resto del país porque se utilizan granos de elote, en lugar del grano de maíz.

5 elotes* no muy tiernos
125 gramos (4½ oz) de mantequilla
¼ de litro (8 ½ oz) de crema de leche cocida (nata)
2 cucharadas cafeteras de canela en polvo
125 gramos (4½ oz) de azúcar
hojas frescas de elote

⧗ 45 minutos
6 porciones

✒ Lave bien las hojas. Desgrane los elotes, muélalos y mézclelos con la mantequilla, la nata, la canela y el azúcar.

✒ Ponga una o dos cucharadas de esta mezcla sobre una hoja de elote; cierre por los lados, doble la punta y acomode verticalmente los euchepos en una vaporera. Repita hasta terminar la mezcla.

✒ Coloque la vaporera sobre el fuego y deje hervir hasta que los tamalitos se desprendan de las hojas.

Ensalada mexicana

⏳ *40 minutos*
6 porciones

Los ayocotes,* base de esta ensalada, son una variedad muy particular de los frijoles que se cultiva desde Chiapas hasta el sur de EU; en tan vasto territorio suele adquirir distintos nombres, entre los que destacan los de lenguas indígenas: nbénju ponju en otomí, limé-guibané en chontal o recómari en tarahumara.

500 gramos (1 lb) de frijoles ayocotes

500 gramos (1 lb) de granos de elote*

1 pimiento rojo

60 mililitros (2 onzas) de aceite de oliva

2 cucharadas soperas de salsa de soya

1 cucharada sopera de jugo de limón

1 diente de ajo

½ pimiento verde

1 pizca de chile piquín* en polvo

pimienta al gusto

sal al gusto

🌶 Cueza, por aparte, los ayocotes y el elote, y escúrralos. Quite las semillas a los pimientos; el rojo, córtelo en tiras muy finas y mézclelo con los ayocotes* y el elote. Reserve.

🌶 Pique finamente el ajo y el pimiento verde. Mézclelos con el aceite de oliva, la salsa de soya, el jugo de limón, el chile piquín, la pimienta y la sal.

🌶 Deje reposar al menos 15 minutos y vierta sobre la ensalada.

Ensalada de nopales

⧗ 30 minutos
6 porciones

Esta ensalada suele adquirirse, ya elaborada, en los mercados, es decir, conjuntos —fijos o móviles— de comercios de comida fresca. Sobre todo los domingos, con un buen trozo de chicharrón,* otro de queso fresco* y las infaltables tortillas, constituyen una opción cómoda y rápida para tener un delicioso plato.

7 nopales* frescos
1 cebolla blanca
1 aguacate Hass*
2 jitomates* medianos
3 chiles de árbol*
200 gramos (7 oz) de queso fresco*
2 dientes de ajo
1 manojo de cilantro fresco
1 cucharada cafetera de orégano seco
1 cucharada sopera de vinagre
1 cucharada cafetera de salsa inglesa
aceite de oliva
sal al gusto

✎ Ase los chiles y quíteles las semillas y las venas; rebane finamente y rebane los nopales en rombos, haciendo los cortes en diagonal respecto al largo del nopal. Póngalos a cocer en abundante agua, con ¼ de cebolla, el ajo y sal. Hierva a fuego lento de 5 a 10 minutos hasta que estén suaves. Sáquelos, enjuáguelos inmediatamente con agua corriente, escúrralos y póngalos en una ensaladera.

✎ Rebane finamente el resto de la cebolla y desmorone el orégano; agregue a los nopales con el vinagre, la salsa inglesa y los chiles. Revuelva suavemente incorporando suficiente aceite de oliva para impregnar los ingredientes. Sazone con sal y deje reposar al menos 10 minutos.

✎ Rebane los jitomates y quite las semillas, pique el cilantro, corte el aguacate en cubos y desmorone el queso.

✎ Unos minutos antes de servir, añada el cilantro y el jitomate y vuelva a revolver; encima agregue el aguacate y el queso.

Flautas

⌛ *45 minutos*
4 porciones

Este tipo de tacos, llamados así por su forma cilíndrica y alargada, son oriundos de Jalisco, donde se les considera una apropiada merienda; no obstante, tuvieron tal aceptación en la ciudad de México desde mediados del siglo XX que aún hoy es posible encontrar pequeñas fondas donde es casi su único platillo.

750 gramos (1lb 10 oz) de pechuga de pollo o de falda de res

12 tortillas de maíz frías

1 cebolla blanca

1 jitomate* grande

3 chiles serranos*

¼ de litro (8½ oz) de crema

250 gramos (9 oz) de col

250 gramos (9 oz) de queso fresco*

aceite de maíz o de cártamo

sal al gusto

salsa verde (ver receta) al gusto

papel absorbente

✒ En una cacerola, ponga a cocer el pollo o la carne con ¼ de cebolla y sal; cuando esté lista, sáquela, déjela enfriar y deshébrela. Reserve.

✒ Pique finamente ¼ de cebolla, el ajo y los chiles. También pique el jitomate.

✒ Caliente aceite en un sartén a fuego medio y saltee cebolla, ajo y chiles hasta que estén suaves. Entonces, suba la flama y añada el jitomate; sazone con sal y cocine hasta que el jitomate esté cocido. Retire del fuego, mézclelo con el pollo o carne y deje enfriar a temperatura ambiente.

✒ Pique finamente la col y ralle el queso. Reserve.

✒ Recaliente las tortillas en un comal sin dejar que se doren y, aprovechando que están suaves, retire la capa más delgada de uno de los lados.

✒ En otra sartén, caliente aceite a fuego medio y pase ligeramente las tortillas para que se suavicen y escúrralas en papel absorbente. Luego, ponga una porción de carne en cada una, enróllela apretadamente y asegúrela con un palillo insertado horizontalmente.

✒ Cuando termine, vuelva a poner aceite en el sartén hasta tener una profundidad de unos 2.5 cm (1 pulgada) y caliente a fuego vivo. Vaya friendo las flautas, volteando varias veces, hasta que queden doradas y crujientes. Saque y escurra en papel absorbente.

✒ Para servir, coloque adosadas las flautas de cada plato individual y cúbralas con la col picada, salsa verde y crema. Rocíe con un poco de queso.

Especialidades

Hojaldra yucateca

⏳ *2 horas 30 minutos*
6 porciones

La presencia árabe en la cocina de Yucatán es resultado de dos olas migratorias: la primera y mayor, en 1878, fue libanesa, reforzada a partir de 1950 por pequeños grupos iraquíes. En ambos casos, adaptaron a su nuevo hogar un milenario bagaje gastronómico que incluye el hojaldre.

750 gramos (1 lb 10 oz) de pasta de hojaldre
1 huevo
800 gramos (1 lb 12 oz) de filete de cazón*
4 cucharadas de aceite de maíz
350 gramos (12 oz) de jitomate*
350 gramos (12 oz) de cebolla
4 dientes de ajo
1 pizca de comino
1½ cucharadas soperas de consomé de pollo en polvo
8 hojas de laurel
1 cucharadita de pimienta negra molida
2 chiles guajillos
500 gramos (1 lb) de papas*
500 gramos (1 lb) de verduras mixtas (chícharos,* zanahorias y ejotes*)
1 ramita de perejil
jugo de 3 limones
1 manojo de cilantro
¼ de litro (8½ oz) de agua

✒ Pele y corte en cubitos las papas y las zanahorias y cueza todas las verduras. Cueza el cazón y desmenúcelo. Ase los chiles y quíteles las semillas y las venas.*

✒ Muela el jitomate con la cebolla, el ajo y el comino. Cuele, ponga a freír en el aceite caliente y deje sazonar.

✒ Añada el pescado desmenuzado, las hojas de laurel, el perejil, la pimienta, los chiles, las papas, las verduras y el jugo de limón. Cocine a fuego lento para que no se seque. Retire el laurel y el perejil.

✒ Aparte, muela el cilantro y los tomates con la taza de agua.

✒ Vierta el molido en una cacerola y póngala al fuego hasta que suelte el hervor.

✒ Disuelva la masa en un poco de agua y agréguela lentamente hasta darle a la salsa la consistencia deseada. Retire del fuego.

✒ Una vez listos el sofrito y la salsa, extienda la pasta de hojaldre dándole dos vueltas más. Bata el huevo con una cucharada de agua fría.

✒ Corte seis rectángulos de 12 x 8 centímetros (5 por 3 pulgadas) y barnícelos con el huevo, cuidando que no caiga sobre los lados.

✒ Métalos al horno precalentado a 250 °C (482 °F) durante 10 minutos. Baje la temperatura a 200 °C (392 °F) y déjelos

200 gramos (7 oz) de tomate verde*

100 gramos (3½ oz) de masa de maíz

sal al gusto

10 minutos más o hasta que estén bien inflados y doraditos.

☛ Sáquelos del horno y pártalos cuidadosamente con un cuchillo serrado.

☛ Rellénelos con el sofrito, póngalos en platos individuales y báñelos con un poco de salsa de cilantro.

Huauzontles

2 horas 30 minutos
6 porciones

Con el huauzontle y su hermano, el amaranto, los aztecas confeccionaban imágenes rituales, y comestibles, de sus dioses, por lo cual los conquistadores prohibieron su cultivo y consumo. Afortunadamente sobrevivieron a la persecución y hoy podemos disfrutar de su exótico sabor.

2 kilogramos (4 lb 6 oz) de huauzontles*

1 litro (¼ de gal) de agua

250 gramos (9 oz) de queso fresco panela*

250 gramos (9 oz) de queso para gratinar

1.5 kilogramos (3 lb 5 oz) de jitomate*

1 diente de ajo

2 cebollas medianas cortadas en rodajas

6 chiles serranos

4 huevos

75 gramos (2½ oz) de harina de trigo

aceite o manteca

consomé de pollo en polvo al gusto

hilo de algodón para atar

- Limpie los huauzontles, desprendiendo o cortando con tijeras las ramitas más suaves. Estas ramitas deben tener un largo aproximado de 7 cm (3 pulgadas). Amarre la base con hilo de algodón.

- Cueza los atados en una olla con agua hirviendo y sal durante cinco minutos.

- Retire del fuego y escurra los atados.

- Corte ambos quesos en rebanadas e introdúzcalas en el centro de cada atado. Presione con fuerza para que mantengan su forma.

- Bata el huevo a punto de turrón y agrega una pizca de sal.

- Pase por harina los atados de huauzontle rellenos, cubriéndolo completamente.

- Sumérjalos en el huevo batido y fríalos en un sartén con aceite bien caliente.

- Ya que estén dorados, retírelos del aceite y escúrralos muy bien sobre toallas de papel absorbente.

- Licue el jitomate y el ajo con un poco de agua; cuele esta salsa.

- En una cacerola, acitrone la cebolla; añada la salsa, los chiles enteros y el consomé de pollo. Deje hervir durante unos cinco minutos.

- Para servir, coloque tres atados de huauzontle por plato, retire el hilo y báñelos con la salsa.

Especialidades

Manchamanteles

La primera evidencia escrita de un platillo con este nombre se halla en un recetario del siglo XVII atribuido a la insigne escritora y filósofa novohispana Sor Juana Inés de la Cruz. Pero, no menos creativo, el saber popular ha multiplicado sus versiones sin alterar su esencial mixtura de frutas y chile.

500 gramos (1 lb) de lomo de cerdo cortado en cubos de 5 cm

500 gramos (1 lb) de muslos de pollo cortados a la mitad

250 gramos (9 oz) de chorizo

1 litro (2 pt.) de caldo de pollo

2 rebanadas de piña* natural

1 plátano macho* maduro

1 jícama*

6 chiles anchos*

1 cebolla blanca

6 dientes de ajo

20 almendras

30 gramos (1 oz) de nueces

½ cucharada cafetera de canela molida

3 pizcas de pimienta recién molida

2 pizcas de clavos molidos

½ cucharada cafetera de orégano seco

1 cucharada sopera de mantequilla sin sal

🖊 Corte en cubos la cebolla y los ajos en cuartos. A los chiles quíteles las semillas y las venas* y córtelos en trozos grandes.

🖊 En una cacerola o, si es posible, en una cazuela de barro, caliente 60 mililitros (2 oz) de aceite a fuego medio; fría la cebolla hasta que esté ligeramente dorada, luego añada el ajo hasta que esté suave.

🖊 Retire y reserve. En el mismo aceite, fría rápidamente los chiles hasta que formen ampollas; retire y reserve. En el aceite restante fría las nueces hasta que suelten el aroma; retire y reserve.

🖊 Suba la flama y añada el aceite necesario para freír la carne de cerdo; póngale un poco de sal y dórela por todos lados; retire y escurra. Fría el pollo del mismo modo. Después corte el chorizo en trozos y fríalo también a que se desmorone; sáquelo, escurra y reserve. Conserve el aceite restante en la cacerola.

🖊 Licue la cebolla, el ajo y los chiles con ¼ de litro (8½ oz) de caldo hasta obtener una mezcla homogénea. Añada las nueces, el clavo y la pimienta, y vuelva a licuar, añadiendo un poco de caldo, si es necesario, para obtener una consistencia muy homogénea.

🖊 Recaliente el aceite de la cacerola, retirando cualquier resto de carne, hasta que empiece a humear y vierta la salsa sin dejar de mover. Añada el orégano y el caldo restante, y cuando empiece a hervir, baje la flama a fuego lento e incorpore la carne de cerdo. Cocine unos 45 minutos hasta que esté suave.

aceite de maíz o
de cártamo
sal al gusto

📌 Quítele el corazón a la piña y córtela en cuadros medianos. Pele el plátano y córtelo en cuatro a lo largo y luego en rebanadas gruesas. También pele la jícama y córtela en cubos.

📌 Caliente un sartén a fuego medio y derrita la mantequilla con una cucharada sopera de aceite. Fría la piña hasta que esté dorada por todos lados; retire y reserve. Repita la operación con la jícama y luego con el plátano.

📌 Cuando la carne de cerdo se haya cocido, añada el pollo, el chorizo, la piña y el plátano. Tape y cocine, moviendo de vez en vez, hasta que el pollo esté bien cocido; entonces, agregue la jícama. Rectifique la sal; si la salsa está muy espesa añada agua y cocine unos minutos más. Sirva en platos individuales con abundante salsa.

Mole poblano

⏳ *2 horas 30 minutos*
12 porciones

La idea del mole es prehispánica; de hecho, la palabra náhuatl molli designaba una mezcla de cuatro especies de chile, pero en 1680 la monja poblana sor Andrea de la Asunción le añadió un larga lista de ingredientes para crear un platillo que agasajara el paladar del virrey de la Cerda y Aragón conde de Paredes.

1 guajolote (pavo) de 4 kilogramos (9 lb) cortado en piezas; también se puede usar el equivalente de piezas de pollo
3 litros (¾ de gal) de agua
250 gramos (9 oz) de chile ancho*
320 gramos (11 oz) de chile mulato*
100 gramos (3½ oz) de chile pasilla*
4 chiles chipotles*
750 gramos (1 lb 10 oz) de jitomate*
1 tortilla
1 cebolla picada
½ cebolla
½ taza de semillas de ajonjolí*
1½ cabezas de ajo
150 gramos (5¼ oz) de almendras peladas
100 gramos (3½ oz) de cacahuates* pelados
7 clavos de olor
4 pimientas negras
100 (3½ oz) gra-

✒ Ponga a cocer el guajolote (o pollo) en el agua a fuego lento, con cinco dientes de ajo, 1/2 cebolla y sal, hasta que esté suave; reserve la carne y el caldo por separado. Tueste el ajonjolí en un comal.

✒ Quite las semillas y las venas a los chiles (excepto los chipotles) y fríalos ligeramente en dos cucharadas de aceite, cuidando que no se quemen; luego póngalos a remojar en agua caliente por una media hora, escúrralos y muélalos (si tiene metate* o molcajete*, excelente; si no, en la licuadora o procesador de alimentos).

✒ Aparte ponga a asar los jitomates sobre un comal o plancha a fuego vivo, pélelos y muélalos junto con los chiles chipotles.

✒ En el mismo aceite que usó para freír los chiles, acitrone* la cebolla y el ajo, y muélalos.

✒ Fría juntos las almendras, los cacahuates, los clavos de olor, la pimienta, la canela, el anís y el cilantro, dejando cocinar algunos minutos, para luego moler todo junto con las pasas.

✒ Fría el pan y la tortilla hasta que queden dorados y muélalos.

✒ Ralle el chocolate y mézclelo con el azúcar.

✒ En un recipiente grande, de preferencia una cazuela de barro, caliente media taza de aceite y mezcle todos los ingre-

mos de pasas sin semilla

1 raja de canela

½ cuchara cafetera de anís estrella

90 gramos (3¼ oz) de chocolate amargo

1 cucharada sopera de azúcar

¾ taza de aceite vegetal

1 cucharada sopera de cilantro

4 rebanadas de pan

sal al gusto

dientes molidos; déjelos freír unos cinco minutos, moviendo constantemente para que no se peguen.

☞ Añada el chocolate rallado con el azúcar y cuando la pasta empiece a hervir agregue cuatro tazas del caldo; cubra y cocine a fuego lento durante unos 20 minutos.

☞ Verifique la sal y la consistencia; si quedó demasiado espeso vierta un poco de caldo y si está aguado, deje que se reseque un poco.

☞ Añada las piezas de guajolote o pollo y deje sobre el fuego otros 10 minutos para que se impregnen, sin dejar que el mole se espese de más.

☞ Al servir, rocíelo con las semillas de ajonjolí. Acompañe con una guarnición de arroz

Nopalitos navegantes

⌛ *1 hora*
6 porciones

El nopal* es uno de los símbolos nacionales de México, se le encuentra en el escudo nacional sosteniendo al águila que devora la serpiente. En la mitología azteca, era considerada planta de la vida porque puede secarse y dar origen a una nueva planta.

6 nopales
6 huevos
1 litro (¼ de gal) de caldo de pollo o de res
2 jitomates*
2 dientes de ajo
1 ramita de cilantro
1 cebolla blanca
2 chiles chipotles* secos o enlatados en adobo
sal al gusto
aceite de maíz o de cártamo

🌶 Rebane los nopales en rombos, haciendo los cortes en diagonal respecto al largo del nopal. Póngalos a hervir en agua con ½ cebolla, un diente de ajo y sal. Cuando estén cocidos, retírelos y escúrralos. Reserve.

🌶 Si va a usar chiles secos, póngalos a remojar en un poco de agua caliente durante 10 minutos. Licue los jitomates con el otro diente de ajo, ½ cebolla y los chiles. Cuele la mezcla.

🌶 Caliente aceite en una cacerola y fría la salsa hasta que sazone. Entonces, agregue los nopales, el caldo y el cilantro.

🌶 Deje que hierva un par de minutos, baje la flama a fuego lento y agregue los huevos uno por uno para que se cuezan completos en el caldo.

Papas chirrionas

⏳ *45 minutos*
6 porciones

En México se le llama chirrión a cierto tipo de látigo por el agudo sonido, chirriante, que emite. De la misma manera se aplica como adjetivo a estas papas debido al sabroso y característico ruido que hacen al ser sumergidas en el aceite bien caliente.

1 kilogramo (2 lb) de papas*

2 huevos

1 diente de ajo

250 gramos (9 oz) de queso añejo*

1 pizca de orégano en polvo

chile pasilla* al gusto

sal al gusto

aceite de maíz o de cártamo

🌶 Desmorone el queso y reserve. A los chiles, quíteles las semillas y las venas* y póngalos a remojar. Cuando se hayan ablandado un poco, lícuelos con el ajo y la sal en un chorrito de agua.

🌶 Pele las papas, cuézalas y pártalas en cubitos.

🌶 Ponga abundante aceite en un sartén y fría las papas.

🌶 Bata los huevos ligeramente y viértalos sobre las papas con el chile molido. Mueva constantemente.

🌶 Cuando todo esté bien frito, añada el queso y el orégano moviendo un poco más, y retire del fuego.

Especialidades

Pozole rojo de Jalisco

⏳ *45 minutos*
6 porciones

Aunque el pozole se prepara en casi todo México —con innumerables variantes—, en Jalisco se ha vuelto emblemático, al grado de que una tradición popular asegura que el conquistador Nuño Beltrán de Guzmán fue el primer español en conocer este platillo.

1 kilogramo (2 lb) de maíz pozolero*

1 cabeza de ajo

1 cabeza de cerdo en trozos

1 kilogramo (2 lb) de carne de cerdo maciza*

6 patas de cerdo partidas en cuartos

4 litros de agua (1 gal)

10 chiles pasilla*

10 chiles anchos*

sal al gusto

limones al gusto

cebolla al gusto

orégano seco al gusto

chile piquín en polvo al gusto

rábanos tiernos al gusto

col o lechuga al gusto

🖋 Ponga a remojar los chiles en agua caliente. Si quiere que el platillo quede menos picante, quíteles las semillas y las venas* previamente. Reserve.

🖋 Cueza la carne con la cebolla y la sal. Déjela enfriar en su propio caldo y deshuésela. Reserve.

🖋 Machaque la cabeza de ajo. Lave muy bien el maíz y póngalo a cocer en los cuatro litros de agua con los ajos, a fuego lento y (muy importante) sin sal.

🖋 Licue los chiles con el agua en la que se remojaron y una pizca de sal.

🖋 Cuando el maíz reviente y eche espuma, vierta los chiles molidos haciéndolos pasar por una coladera. Añada la carne con un poco del caldo en el que se coció y vuelva a poner sal. Deje hervir a fuego lento unos 20 minutos hasta que el caldo espese y retire la cabeza de ajo.

🖋 Corte los limones en cuartos y los rábanos en rodajas; rebane finamente la col o la lechuga; pique la cebolla y triture el orégano.

🖋 Sirva el pozole en platos hondos de barro, si es posible, o de cerámica, y ponga encima de cada porción un puñado de col o lechuga y uno de rábanos. Los limones, la cebolla, el orégano y el chile piquín se presentan por separado para que cada comensal se sirva a su gusto.

Pozole blanco

1 hora
6 porciones

El pozole blanco suele considerarse como la forma básica de este platillo, a partir del cual se derivan las innumerables variedades regionales. En su forma prehispánica estaba constituido sólo por el maíz y ya con los españoles la carne de cerdo fue su primera adición.

- 650 gramos (1 lb 7 oz) de maíz pozolero*
- 250 gramos (9 oz) de cabeza de cerdo
- 125 gramos (4 oz) de espinazo de cerdo
- 250 (9 oz) gramos de pulpa de cerdo
- 3 dientes de ajo
- 1 cebolla grande
- 2 limones
- ½ lechuga orejona
- 1 manojo de rábanos
- salsa picante
- cal
- sal al gusto

Cueza toda la carne en agua con sal, y reserve.

Ponga a cocinar el maíz a fuego vivo en bastante agua junto con los ajos y, muy importante, sin sal.

Cuando el maíz reviente, añada la carne, sazone y deje hervir unos minutos más.

Para servir, adórnelo con rebanadas de cebolla, lechuga picada, rabanitos cortados en forma de flor y los limones cortados en mitades. Se acompaña con salsa.

Pozole verde

Típico de Michoacán y Guerrero, este pozole tiene como ingrediente principal el tomate, palabra que en México nunca se confunde con el jitomate, rojo y de mayor tamaño, sino a la variedad verde y pequeña, también conocida como tomate de hoja, tomatillo o miltomatl, que significa "tomate de la milpa".

1 kilogramo (2 lb) de maíz pozolero*

500 gramos (1 lb) de codillo y oreja de cerdo en trozos

500 gramos (1 lb) de pulpa de cerdo en trozos

2.5 litros (5 pt) de agua

8 dientes de ajo

750 gramos (1 lb 10 oz) de tomate verde*

100 gramos (3½ oz) de chile serrano*

100 gramos (3½ oz) de chile poblano*

1 lechuga orejona

750 gramos (1 lb 10 oz) de aguacate Hass*

1 manojito de cilantro

sal al gusto

limones al gusto

cebolla al gusto

orégano seco al gusto

chile piquín en polvo al gusto

rábanos tiernos al gusto

🌶 En una olla grande ponga el agua, el maíz pozolero, la carne, cuatro dientes de ajo y una cebolla partida en cuatro. Es muy importante que no ponga sal. Hierva a fuego lento hasta que la carne esté cocida y el maíz reviente.

🌶 Cueza los chiles y los tomates en un poco de agua y lícuelos con el cilantro, un aguacate grande, cinco hojas de lechuga, el ajo restante y sal; si es necesario, ponga un poco de agua.

🌶 Vierta esta salsa en la olla del pozole, pásandola por una coladera, cuando éste se haya cocido. Rectifique la sal y deje hervir al menos 10 minutos hasta que se hayan integrado los sabores.

🌶 Corte en cubos el aguacate sobrante Corte los limones en cuartos y los rábanos en rodajas; rebane finamente el resto de la lechuga; pique la cebolla restante y triture el orégano.

🌶 Sirva el pozole en platos hondos y ponga encima de cada ración un puñado de lechuga, uno de rábanos y uno de aguacate. Los limones, la cebolla, el orégano y el chile piquín se presentan por separado para que cada comensal se sirva a su gusto.

Rollo de aguacate con queso

⏳ *20 minutos*
6 porciones

Actualmente se producen en México unos 40 tipos de queso, entre los que destacan el Oaxaca, el Cotija, el añejo, el ranchero y el canasto. En este caso, el protagonista es el queso crema, que en un estrecho abrazo con el aguacate da un ejemplo más de mestizaje gastronómico.

250 gramos (9 oz) de queso crema

1 aguacate, de preferencia Hass

2 cucharadas soperas de cilantro fresco

1 cucharada sopera de cebolla

1 chile serrano*

¼ de cucharada cafetera de jugo de limón

180 gramos (6 oz) de semillas de ajonjolí

sal al gusto

totopos (ver receta) o galletas pequeñas

papel encerado

☞ Pique finamente el cilantro, la cebolla y el chile. Coloque el queso, que debe estar a temperatura ambiente, entre dos hojas de papel encerado. Con un rodillo, aplánelo para formar un rectángulo de 15 por 20 cm (6 por 8 pulgadas) y poco más de 1 cm (media pulgada) de espesor. Retire la hoja superior.

☞ Corte el aguacate, a lo largo, por la mitad. Retire el hueso y saque la pulpa con una cuchara. Colóquela en un tazón y macháquela sin que quede demasiado homogénea. Añada el cilantro, la cebolla, el chile, el jugo de limón y la sal, mezclando bien.

☞ Unte la mezcla sobre el queso y forme un tronco usando la hoja de papel inferior para enrollar el queso alrededor del aguacate.

☞ En un sartén sin aceite, ase el ajonjolí hasta que esté ligeramente dorado. Sáquelo y extiéndalo sobre un plato para que se enfríe. Cubra completamente el rollo con estas semillas y refrigérelo 15 minutos antes de servir.

☞ Sirva acompañado de totopos o galletas. El rollo se unta sobre ellas.

Romeritos

⏳ *1 hora*
6 porciones

Los romeritos son resultado no sólo del mestizaje culinario, sino del religioso, ya que la cocina prehispánica resultó muy adecuada para crear una gastronomía de alta calidad orientada a la Cuaresma, con platos como éste o las corundas de rajas, los charales capeados, las calabacitas rellenas y otros.

1 manojo de romeritos

500 gramos (1 lb) de papas*

4 chiles mulatos*

250 gramos (9 oz) de camarón* seco

100 gramos (3 ½ oz) de almendras peladas

10 nopalitos* tiernos

1 cucharada de ajonjolí*

1 trozo de pan duro

aceite y sal en cantidad necesaria

🖊 Limpie, lave y cueza los romeritos. Una vez cocidos, agregue sal.

🖊 A los camarones, quíteles la cabeza y póngalos a hervir en agua durante cinco minutos. Reserve.

🖊 Desvene y despepite los chiles y fríalos en aceite. Luego, en el mismo aceite, fría las almendras y el pan.

🖊 Tueste aparte el ajonjolí y muélalo junto con los chiles, las almendras y el pan.

🖊 Añada un poco de agua y fría la preparación en bastante aceite.

🖊 Agregue agua y deje a fuego mediano para obtener una salsa espesa.

🖊 Incorpore los romeritos, los camarones, los nopales cocidos y picados y las papas cocidas y partidas en cuadritos.

🖊 Hierva aproximadamente 30 minutos y sirva con tortitas de camarón (previamente remojado y picado).

Especialidades

Tortillas de maíz

⏳ *20 minutos*
6 porciones

Pensaban los antiguos mexicanos que los hombres estaban hechos de maíz, cereal que les fue regalado por el dios Quetzalcóatl para que fuera su sustento, como si fuera su propia carne. Y quien observe la textura, la consistencia y el color de una tortilla de maíz recién hecha bien puede creerlo.

500 gramos (1 lb) de harina de maíz para tortillas
½ litro (1 pt) de agua
sal al gusto
2 cuadros de plástico o papel encerado

🌿 Entibie el agua. Sobre una superficie limpia ponga la harina y vaya añadiendo el agua mientras amasa con las manos hasta obtener una consistencia firme pero elástica. Deje reposar cinco minutos, añada la sal y amase un minuto más.

🌿 Ponga a calentar, a fuego medio, un comal, una plancha o un sartén grueso sin recubrimiento.

🌿 Tome una porción de masa suficiente para hacer una esfera del tamaño de una pelota de golf. Colóquela en el centro de uno de los cuadros de plástico y ponga el otro encima. Con ayuda de un plato de fondo plano o de un rodillo, aplánela suavemente hasta que obtenga una tortilla circular de unos 13 cm (5 pulgadas) de diámetro y unos 2 milímetros (1/10 de pulgada) de espesor.

🌿 Retire el plástico de arriba, ponga el lado descubierto sobre la palma de la mano y retire el otro plástico. Deslice la tortilla, empezando por uno de los bordes sobre el comal caliente; deje que se cueza unos 30 segundos, hasta que se formen algunas burbujas y voltéela. Cueza otros 30 segundos, vuelva a voltear y deje tres o cuatro segundos. Retire.

🌿 Conforme vaya sacando las tortillas del fuego, apílelas en un recipiente térmico o en un trapo de cocina limpio y seco. Deben comerse calientes.

Especialidades

Tortitas de papa

⧖ *1 hora*
6 porciones

Aunque en la Nueva España no se cultivó hasta fines del siglo XVIII, para fines del siglo XIX su consumo cotidiano se había consolidado de tal modo que el Diccionario del Hogar, editado por Ireneo Paz, ya daba cuenta de setenta y cuatro guisos cuyo ingrediente principal era este tubérculo.

500 gramos (1 lb) de papas* blancas

2 huevos

100 gramos (3 ½ oz) de queso fresco*

2 jitomates* maduros

½ lechuga orejona

harina de trigo

aceite de maíz o de cártamo

aceite de oliva

2 limones

sal al gusto

☛ Corte el jitomate en rebanadas y quite las semillas. Rebane finamente la lechuga.

☛ Cueza las papas y pélelas. Macháquelas con un tenedor, añada el queso en trozos y siga machacando para mezclar bien.

☛ Agregue los huevos y sal, y forme una pasta homogénea, ni demasiado aguada ni demasiado seca. Puede agregar un poco de huevo o de harina de trigo, según el caso.

☛ Caliente aceite de maíz o de cártamo en un sartén; enharínese las manos, forme tortitas de unos 7.5 cm (3 pulgadas) de diámetro por 1.5 cm (¾ de pulgada) de espesor y váyalas friendo hasta que estén doradas de ambos lados.

☛ Saque y escurra. Al servir, ponga rebanadas de jitomate y lechuga como guarnición, aliñando con el aceite de oliva y el jugo de los limones.

Tortitas de coliflor

⏳ *20 minutos*
6 porciones

La coliflor es una adquisición relativamente tardía de la cocina mexicana, pues durante mucho tiempo su cultivo se concentró en Italia y no es sino hasta el siglo XIX que sale de Europa para difundirse por todo el mundo. En la actualidad, México es uno de los diez mayores productores mundiales de esta hortaliza.

1 coliflor grande
1 cebolla blanca
1 diente de ajo
1 kilogramo (2 libras) de jitomates
2 hojas de laurel
2 pimientas
6 huevos
4 cucharadas de harina de trigo
250 gramos (9 onzas) de queso fresco
sal al gusto
aceite de maíz o de cártamo

✒ Hierva la coliflor en agua con sal. Escúrrala bien, quite los tallos y desbarate los ramitos. Parta el queso en cubos.

✒ Forme bolitas con la coliflor poniendo un poco de queso en el centro. Apriete bien para cerrar, aplanando un poco y revuelque cada torta en harina.

✒ Bata las claras de huevo a punto de nieve y añada las yemas.

✒ Caliente aceite en un sartén. Tome las tortitas enharinadas, páselas por el huevo batido y fríalas. Reserve.

✒ Licue el jitomate con la cebolla, el ajo y la sal, en un chorritos de agua. Caliente aceite en una cacerola y fría esta salsa; agregue las pimientas y el laurel. Cuando empiece a hervir, rectifique la sal, sumerja las tortitas y deje que se sazonen un par de minutos.

Frijoles y huevos

El frijol

Junto con el chile y el maíz, es uno de los tres pilares que definen la gastronomía tradicional mexicana. Aunque no originario de México, sí es un viejo habitante: se han hallado vestigios en Tamaulipas y Puebla de entre seis mil y siete mil años de edad.

Los mexicanos lo han incluido desde siempre, y coman lo que coman, en su dieta diaria. Frijoles de la olla o frijoles refritos, las formas más básicas de prepararlos, suelen ser complemento, guarnición o ingrediente de una miríada de recetas, aunque también es un excelente antojito o el plato de cierre de una opípara comida. No obstante, su nombre no tiene nada de indígena, pues proviene del leonés fréjol y éste del latín *phaselus*. De hecho, el término frijol tampoco es universal; en español también se le llama, según el país, alubias, habas, judías, porotos, frejoles, chícharos, caraotas o habichuelas. En inglés es *bean*, que deriva de *bean weevil*, un insecto semejante a esta gramínea.

El huevo

El huevo suele ser cemento, barniz y espíritu de la comida mexicana. Sea para dar consistencia a una torta de papa, para capear un chile relleno, para prestar su color a un rompope, para dar consistencia a una natilla, para pulir la piel de un paste, siempre haya la manera de colarse al paladar.

Aunque no siempre las cosas son tan sutiles: simple y llanamente México es el principal consumidor de huevo fresco en el mundo, con una demanda estimada de 22 kilogramos al año por cada uno de sus habitantes y sigue aumentando.

Para satisfacerla, cuenta con una parvada de más de 130 millones de gallinas ponedoras que hacen su mejor esfuerzo para levantar cada 365 días una montaña de 2.3 millones de toneladas de huevo.

Frijoles

Enfrijoladas

⧗ *35 minutos*
6 porciones

L a exquisitez de esta vianda se refleja en una leyenda mixe según la cual una mons-
truosa serpiente (un ahp-tee o "abuelo grande"), exigía un tributo de enfrijoladas
a los hombres, imposición que terminó cuando el Sol y la Luna las comieron y en
agradecimiento ahuyentaron al monstruo.

½ kilogramo (1 lb) de frijoles de la olla (ver receta)

15 tortillas de maíz frías

1 pechuga de pollo

150 gramos (5 oz) de queso Cotija*

250 gramos (9 oz) de crema

aceite de maíz o de cártamo

✒ Cueza el pollo, deshebre la carne y reserve. Rebane finamente la cebolla y ralle el queso.

✒ Licue los frijoles con su propio caldo y vacíelos en una
sartén con un poco de aceite para freírlos. Debe quedar como
una salsa aguada.

✒ En otro sartén pase las tortillas por aceite caliente sin que
se doren, sólo para ablandarlas.

✒ Después sumérjalas una por una en los frijoles, para que
queden completamente bañadas por los dos lados.

✒ Luego rellénelas con un poco del pollo deshebrado y en-
róllelas como taco.

✒ Para servir, cúbralas con más salsa de frijol y la crema, y espolvoréeles el queso.
Puede acompañar con salsa verde.

Frijol con puerco

Especialidad de Yucatán, en el extremo suroriental de México, en donde existe la costumbre de comerlo sólo los lunes, excepción hecha de los recién casados, ya que la tradición dicta que es la primera vianda que la novel esposa ha de prepararle a su marido.

1 kilogramo (2 lb) de frijol negro

1 kilogramo (2 lb) de lomo o pierna de cerdo en trozos

500 gramos (1 lb) de costillas de puerco

2 ramas de epazote

1 cebolla blanca

1 cucharada sopera de manteca de puerco

1 kilogramo (2 lb) de jitomates*

10 rábanos

1 manojo de cilantro

✒ Limpie muy bien el frijol; lávelo y póngalo al fuego en una olla con bastante agua, y tapada. Cuando empiece a hervir, baje la flama y cocine a fuego lento durante una hora.

✒ Sazone con sal las carnes. Pique la cebolla, el cilantro, los rábanos. También pele y pique los jitomates.*

✒ Cuando el frijol esté medio cocido, añada una cucharada de sal y el epazote.

✒ Sofría la cebolla en la manteca hasta que quede café oscura: Añada el jitomate y sofría también. Agréguelo a los frijoles junto con la carne, dejando cocer hasta que la carne esté muy suave.

✒ Sirva el frijol con puerco decorándolo con rabanitos, cilantro y cebolla picados.

✒ Puede acompañarlo con arroz y una tacita con caldo de frijol a la que se le añadirán también cilantro y cebolla picados al gusto.

Frijoles

Frijoles de la olla

⏳ *1 hora 30 minutos*
12 porciones

El frijol era, junto con el maíz y el chile, la base de la alimentación de los mexicanos antiguos y hoy es parte sustancial de la cocina nacional. Ésta es la forma básica en que se preparan en todo México, aunque pueda cambiar la variedad usada: negro, flor de mayo, pinto, bayo y otros.

1 kilogramo (2 lb) de cualquier variedad de frijoles
1 cebolla blanca mediana
1 cabeza de ajo sin pelar
1 rama de epazote
1 cucharada sopera de aceite de maíz o de cártamo
sal al gusto

✒ Una noche antes, limpie los frijoles retirando los granos que estén quebrados y cualquier otra partícula. Póngalos a remojar en agua con la cucharada de aceite.

✒ Al día siguiente, póngalos en una olla grande, si es posible de barro, con el agua en que se remojaron, la cebolla partida en dos y el ajo. Si es necesario añada más agua hasta que ésta los cubra varios centímetros por arriba y tape parcialmente.

✒ Caliente a llama viva y cuando empiecen a hervir, baje a fuego lento-medio y añada el epazote. Durante la cocción, vigile que el agua no se evapore en exceso y si es necesario añada un poco más de vez en vez, pero siempre debe estar caliente antes de añadir.

✒ El tiempo promedio de cocción es de unas dos horas, pero varía de acuerdo con la edad de los granos. Sólo cuando los frijoles estén bien tiernos, añada sal. Si los desea más caldosos agregue una última medida de agua; deje sazonar unos minutos más y retire del fuego.

✒ Sirva en platos hondos. Generalmente se acompañan de tortillas, queso fresco desmoronado y chiles serranos* crudos o una salsa picante. Pueden recalentarse varias veces o usarse para otros platillos.

Frijoles

Frijoles con manitas de puerco

⧖ *1 hora 30 minutos*
12 porciones

Muchos platos mexicanos implican la historia antigua no sólo de América sino de Europa: por ejemplo, la costumbre de comer manitas y patas de puerco proviene de los visigodos, pueblo que ocupó la península ibérica a inicios de la Edad Media y una de las raíces reconocidas de los españoles.

1 kilogramo (2 lb) de frijoles negros

1 kilogramo (2 lb) de manitas de puerco en trozos

1 cebolla chica

1 cabeza de ajo chica

sal al gusto

1 litro de agua fría

🌶 Lave los frijoles y remójelos por lo menos cuatro horas.

🌶 Póngalos a cocer en una olla junto con el agua, la cebolla, sal y ajo durante unos 30 minutos o hasta que rompa el hervor.

🌶 Agregue las manitas y deje hervir hasta que el hueso de las manitas se separe de la carne

Frijoles charros

⧗ *1 hora 40 minutos*
6 a 8 porciones

Un platillo norteño en toda la extensión de la palabra ya que sus versiones más representativas se encuentran en estados como Nuevo León, Sinaloa, Jalisco y Durango, de preferencia debe prepararse con la variedad de frijol pinto; en esas amplias regiones no se estila el negro.

500 gramos (1 lb) de frijoles

200 gramos (7 oz) de tocino*

200 gramos (7 oz) de chorizo

200 gramos (7 oz) de salchichas

100 gramos (3½ oz) de chicharrón*

½ cebolla blanca

2 dientes de ajo

2 jitomates

1 manojo de cilantro

chiles serranos* o cuaresmeños* al gusto

sal al gusto

aceite de maíz o de cártamo

sal

✒ Prepare frijoles de la olla (ver receta) haciendo que queden muy caldosos.

✒ Ase el jitomate, pélelo y lícuelo con cebolla ajos y sal. Pique el chile o rebánelo en rueditas. Ponga aceite en un sartén y acitrone el chile. Agregue el jitomate, sazone y reserve.

✒ Corte el chicharrón en cuadros y pique el cilantro. Pique el tocino y las salchichas, y corte el chorizo en rodajas. Fríalos y añádalos a los frijoles. Agregue el jitomate y ponga a hervir.

✒ Cuando empiece a hervir, ponga el chicharrón y el cilantro. Deje cocinar unos minutos más a fuego lento.

Frijoles

Frijoles jarochos

⌛ 1 hora 90 minutos
4 porciones

Jarocho es el gentilicio cariñoso que se les aplica a los oriundos del puerto de Veracruz y que ellos ostentan con todo orgullo. Por extensión, se llama de esa manera a todo lo que lleva el característico sello de aquella región, como estos deliciosos frijoles.

250 gramos (9 oz) de frijol negro
250 gramos (9 oz) de masa de maíz
50 gramos (2 oz) de chicharrón delgado
2 chiles jalapeños
1 rama de epazote
1 ½ litros (3 pt 2 oz) de agua
sal al gusto

🌶 Una noche antes, ponga a remojar los frijoles.

🌶 Al día siguiente ponga a cocer los frijoles en el agua con un trozo de cebolla; cuando empiecen a hervir, baje la llama a fuego lento y tape. Cocine hasta que estén tiernos; el tiempo varía de acuerdo con la edad de los frijoles.

🌶 Mientras tanto, desmorone el chicharrón y mézclelo con la masa.

🌶 Cuando estén cocidos los frijoles, añada la sal, los chiles y el epazote.

🌶 Forme bolitas con la masa, hágales una cavidad con el dedo pulgar y póngalas en los frijoles. Deje cocer unos 15 minutos más. Al servir, puede adornar con un trozo de chayote cocido.

Frijoles refritos

Acompañante obligado de un sinfín de guisos mexicanos, también son un platillo por derecho propio, ya sea como botana o después de un plato fuerte. Y aunque su nombre suele traducirse al inglés como refried beans, sería más apropiado llamarlos well-fried beans, ya que —como se verá— no se fríen dos veces.

4 tazas de frijoles de la olla (ver receta) sin caldo
½ litro (1pt 1 oz) de caldo de frijoles de la olla
125 gramos de manteca de cerdo (4½ oz) o 125 mililitros (4 oz) de aceite de maíz o de cártamo
½ cebolla blanca
125 gramos (4½ oz) de cualquier queso fresco
totopos (ver receta)

✐ Pique finamente la cebolla. Ponga a calentar muy bien la manteca y saltee la cebolla hasta que esté ligeramente dorada.

✐ Añada los frijoles y un poco del caldo y empiece a machacar los frijoles con el dorso de una cuchara grande. Vaya añadiendo caldo conforme se vaya secando hasta que los frijoles se hayan convertido en un puré de textura tosca.

✐ Sin añadir más caldo siga friendo el puré, revolviendo de vez en vez, hasta que forme una masa compacta que se separe de la superficie del sartén sin esfuerzo. Si es necesario, añada un poco más de aceite o manteca durante el proceso.

✐ Puede usarlo para otros platillos o colocarlo en un platón dándole forma de rollo, adornándolo con queso desmoronado y totopos. Los comensales se sirven a su gusto.

Huevos

Ejotes con huevo

"Exotl quiere decir frijoles cocidos en sus vainas" ilustra Bernardino de Sahagún al referirse a los ejotes* en su crónica de las cosas de la Nueva España, y recomienda comerlos muy tiernos para que no pierdan su delicado sabor

> 250 gramos (9 oz.) de ejotes
> 6 huevos
> 4 tomates verdes* grandes y maduros
> 1 cebolla
> 1 ajo pequeño
> aceite de maíz o de cártamo
> sal al gusto
>
> ⏳ 25 minutos
> 4 porciones

🌶 Lave y despunte los ejotes, córtelos en trocitos de 6 milímetros (¼ de pulgada), colóquelos en una cazuela con una taza con agua y sal; cocine por 10 minutos y luego escurra.

🌶 Pique los tomates, el ajo y la cebolla, póngalos a sofreír y agregue sal. Cuando esté sofrito agregue el ejote y revuelva.

Huevos a la canasta

Aunque llegó apenas a mediados del siglo XX, el pan de molde se ha ganado un nicho, junto al centenario bolillo* y la milenaria tortilla, en el estómago y el paladar de los mexicanos.

> 2 huevos
> 2 rebanadas de pan de molde
> 30 gramos (1 oz.) de mantequilla
> sal al gusto
> aceite de maíz o de cártamo
> salsa cátsup*
>
> ⏳ 15 minutos
> 2 porciones

🌶 Haga un agujero en cada rebanada de pan, de unos 4 cm (1 ½ pulgadas). Úntelas de mantequilla.

🌶 Caliente aceite en un sartén, ponga una rebanada y el contenido de uno de los huevos en el agujero y tape.

🌶 Cuando se haya cocido de un lado, voltee, espere a que se cueza del otro lado y sáquelo. Repita la operación, sazone con sal y adorne cada huevo con rebanadas de jitomate.

Huevos ahogados

En esta modalidad o en otras con nombres tan pintorescos como rabo de mestiza o nopalitos navegantes, esta manera de cocinar huevos se halla muy extendida por todo el centro y sureste de México.

5 huevos
2 jitomates*
¼ de cebolla
3 chiles guajillos*
1 diente de ajo
sal al gusto
aceite para freír
2 tazas de agua caliente

⏳ 25 minutos
4 porciones

🌶 Desvene, despepite y remoje los chiles guajillos en el agua caliente.

🌶 Ase los jitomates y la cebolla y muela junto con el ajo y el chile en un poco del agua del remojo.

🌶 Cuele la salsa y fríala en un poco de aceite hasta que sazone. Añada una pizca de sal y el resto del agua.

🌶 Cuando suelte el hervor, incorpore uno a uno los huevos, evitando que las yemas se rompan.

Huevos amarillos

El queso amarillo o tipo americano es una aportación estadunidense a la comida mexicana, en la que se ha ganado un lugar en diversos platillos y antojitos desde su llegada a mitad del siglo XX.

2 huevos
1 rebanada de queso amarillo*
1 cucharada sopera de mantequilla

⏳ 15 minutos
2 porciones

🌶 Caliente la mantequilla en un sartén.

🌶 Bata los huevos y viértalos en el sartén.

🌶 Antes de que se cuezan por completo, añada el queso y mueva constantemente para que no se peguen. Acompañe de frijoles refritos.

Huevos *(margen lateral)*

Huevos a la mexicana

El rotundo gentilicio de esta receta no sólo se debe a la presencia del chile y el jitomate, la marca de casa, sino a que en conjunción con la cebolla reproducen los colores patrios para alimento, adicional, del espíritu.

> 1 cucharada de aceite
> 1 cucharada de cebolla picada
> 3/4 taza de jitomate* picado
> 1 chile serrano* picado
> 1 pizca de sal
> 2 huevos
> ⏳ 15 minutos
> 1 porción

🌶 Caliente el aceite en un sartén.

🌶 Saltee la cebolla y agregue el jitomate, el chile y la sal. Deje a fuego medio durante 5 minutos.

🌶 Bata los huevos ligeramente e incorpórelos a la sartén mezclando con cuidado para que no formen una tortilla.

🌶 Tape y deje cocer a fuego medio de 2 a 3 minutos, o hasta que los huevos adquieran consistencia.

🌶 Sirva acompañados con tortillas de maíz.

Huevos divorciados

Este plato es la manera de evadir gustosamente una de las más profundas y peliagudas cuestiones que cotidianamente atosigan al mexicano cotidianamente en el campo de la gastronomía: ¿con salsa roja o verde?

> 8 huevos
> 8 tortillas
> salsa roja (ver receta)
> salsa verde (ver receta)
> crema
> queso blanco rallado
> aceite para freir
> ⏳ 15 minutos
> 4 porciones

🌶 Caliente el aceite en una sartén y sofría las tortillas.

🌶 Retire las tortillas de la sartén y póngalas a escurrir.

🌶 En el mismo aceite, fría los huevos.

🌶 Ponga en un plato dos tortillas y, sobre ellas, dos huevos, cada uno con diferente salsa, y añada la crema y el queso. También puede agregar trozos de chorizo frito, y servirlos acompañados de frijoles refritos.

Huevos con migas

Los pastores españoles inventaron un plato parecido a la harisa árabe aprovechando el pan duro, costumbre que llevaron al Nuevo Mundo. Pero lo que distingue la versión mexicana es que se prepara con el pan blanco llamado bolillo, por la forma que tiene, y el infaltable chile..

6 huevos
3 bolillos* duros o 200 gramos (7 oz.) de baguette o pan similar duro
4 dientes de ajo
chile cascabel al gusto
sal al gusto
aceite de maíz o de cártamo

🌶 Haga migajas el pan con las manos, procurando que no le queden demasiado pequeñas, rocíelo con agua salada y déjelo reposar 10 minutos.

🌶 Quite las semillas y las venas* a los chiles, y píquelos.

🌶 Caliente aceite en un sartén; fría el ajo y los chiles, y agregue las migas, moviendo constantemente para que no se quemen. Escúrralas.

🌶 Bata ligeramente los huevos y póngalos a freír; cuando estén medio cocidos agregue las migas y revuelva para que terminen de cocerse sin que se forme una tortilla. Sirva con frijoles refritos (ver receta).

Ensalada de huevos duros

⏳ *15 minutos*
6 porcionnes

El huevo duro es una modalidad distinta del huevo cocido que se prepara en Europa, también conocido como mullet (mullido), ya que en éste la yema queda tierna, mientras que el paladar mexicano prefiere una consistencia completamente sólida.

4 huevos
400 gramos (14 oz) de jitomates*
400 gramos (14 onzas) de pimientos
2 cucharadas soperas de aceite de oliva
1 ramita de perejil
sal al gusto

🌶 Ase los pimientos y envuélvalos en una servilleta de tela ligeramente húmeda hasta que se les desprenda la piel. (Con este mismo fin algunos cocineros prefieren usar una bolsa de plástico para que los chiles "suden".) Retire con la mano los restos de piel, así como las semillas y las venas.* Corte en tiras (rajas).

🌶 Cueza los huevos 20 minutos, déjelos enfriar, quíteles la cáscara y córtelos en gajos. También corte en gajos los jitomates.

🌶 Pique el perejil. Mezcle todo y aliñe con el aceite y la sal.

Huevos motuleños

⏳ *15 minutos*
6 porcionnes

Nacidos en la ciudad de Motul, fundada por los mayas hace 800 años, su creación se atribuye a Olegario Kantún, cocinero personal del político socialista Felipe Carrillo Puerto, quien fue gobernador de Yucatán a principios de los años veinte.

6 huevos
6 tortillas de maíz
250 gramos (9 oz.) de chícharos*
250 gramos (9 oz.) de frijoles refritos (ver receta)
½ cebolla morada
3 jitomates*
chiles serranos* al gusto,
2 dientes de ajo
250 (9 oz.) gramos de queso fresco*
8 rebanadas gruesas de jamón*
manteca de cerdo
sal al gusto

🌶 Cueza los chícharos y escúrralos. Rebane la cebolla finamente. Desmorone el queso. Ase los jitomátes, pélelos y lícuelos con los ajos y sal. Corte los chiles en tiras (rajas) y quíteles las semillas y las venas.* Pique el jamón en cubos.

🌶 Caliente manteca en un sartén y fría el jamón hasta que esté casi dorado; agregue las rajas y fría otro poco. Añada el jitomate y los chícharos, rectifique la sal y cuando empiece a hervir, baje la flama a fuego lento. Cocine hasta que espese un poco.

🌶 Caliente los frijoles refritos sin que se resequen. Ponga manteca en otro sartén, caliente y pase las tortillas. Unte cada una con una capa de frijoles y ponga en platos.

🌶 Fría los huevos, procurando que la clara no se extienda demasiado, y coloque uno sobre cada tortilla.

🌶 Báñelos con abundante salsa y cúbralos con rebanadas de cebolla y queso desmoronado.

Huevos

Huevos rancheros

En México, el calificativo ranchero aún es fuertemente evocador de lo rural y lo vernáculo. Así, se habla de la música ranchera, del comportamiento ranchero o del queso ranchero y, por supuesto, de un platillo preparado con una de las más típicas salsas picantes.

2 huevos
2 tortillas de maíz frías
1 jitomate
1 trozo de cebolla
1 diente de ajo
chile serrano al gusto
sal al gusto
pimienta al gusto
aceite de maíz o cártamo

🌶 Ase el jitomate, pélelo y lícuelo con el chile, la cebolla, el ajo, la sal y la pimienta.

🌶 Ponga aceite en un sartén y fría la salsa hasta que sazone y espese un poco.

🌶 En otra sartén con aceite, saltee las tortillas y páselas por la salsa. Colóquelas en un plato.

🌶 Fría, uno por uno, los huevos, bañándolos por arriba con el aceite caliente hasta que cuaje la clara pero no se cueza la yema. Coloque uno en cada tortilla.

🌶 Báñelos con el resto de la salsa y sirva caliente.

Machaca con huevo

Machaca es la carne de res seca y sazonada con sal que se prepara desde el siglo XVIII en los estados norteños de México y que se desmenuzaba para su consumo machácandola con un palo o una piedra. La machaca de calidad se hace exclusivamente con carne de lomo y no debe de tener grasa o nervios.

250 gramos (9 oz.) de machaca
8 huevos
2 jitomates*
1 chile cuaresmeño*
1 cebolla blanca
sal al gusto
aceite de maíz o de cártamo

🌶 Pique, por aparte, la cebolla y el chile. Quítele las semillas al jitomate* y también píquelo. Si la machaca no viene desmenuzada, hágalo. Bata ligeramente los huevos.

🌶 Caliente aceite en un sartén y acitrone la cebolla y el chile; añada el jitomate* y sofría durante algunos minutos, luego agregue la machaca* sin dejar de mover.

🌶 Incorpore los huevos, sazone con sal y revuelva hasta que todo esté integrado y cocido. No deje secar en exceso.

Pescados y mariscos

En la gastronomía de un país como México, que cuenta con más de 11 mil kilómetros de litorales —es decir, el equivalente a la cuarta parte de la circunferencia de la Tierra— la presencia de platillos elaborados con recursos del mar es de necesidad.

Y no sólo en sus costas. De hecho, es proverbial la imagen de los afanosos portadores aztecas que a fuerza de piernas y de postas recorrían en un solo día los cientos de kilómetros que separan lo que hoy es Veracruz de Tenochtitlan para poner en la mesa del tlatoani Moctecuzoma pescado fresco a diario.

Así, un hipotético viajero que recorriera las riberas marítimas mexicanas sería el privilegiado testigo de las innumerables especies que medran en sus aguas y, mejor aún, podría ser el comensal de un continuado banquete constituido por la parte comestible de ellas.

En algún lugar sólo cocidas con ácido jugo de limón; en otro más, envueltas en el abrazo de una empanada; más allá empapadas de una humeante salsa; por aquí acunadas por las hojas de un tamal; más lejos, en una enchilada; más cerca, coronando una tortilla tostada.

En fin, un carnaval de recetas, de añeja prosapia unas y más novedosas otras, porque es tal la biodiversidad marítima mexicana que las posibilidades aumentan con el tiempo. Vea, si no, el caso del camarón, que tiene menos de un siglo de haberse incorporado al catálogo culinario nacional.

Mas para millones de mexicanos no es fuerza asomarse al mar; basta comprar en el comercio más cercano una humilde lata de atún. Pero no para comerla así nomás, no señor.

Incapaces de violar las exigencias del refinamiento gastronómico, la han convertido en un práctica base para renovar viejos platillos o para crear otros nuevos. Así, se puede hablar, en un caso, del atún a la vizcaína o, en el otro, de la ensalada de atún. No por nada México es el cuarto consumidor mundial de este pescado y el primero en su presentación enlatada.

Acompañe lector un rato a nuestro hipotético viajante y, como dicen los mexicanos, "dése un quemón".

Bacalao dulce papanteco

⧗ *1 hora*
8 porciones

Las variantes mexicanas para cocinar el bacalao descienden de la modalidad ibérica llamada a la vizcaína, en especial este caso que –cosa rara– no incluye chile y acentúa el dulzor con azúcar y pasitas. Es propio de Papantla, famosa por producir la vainilla de mayor calidad en todo el mundo.

1 kilogramo (2 lb) de bacalao sin piel y sin espinas

2 kilogramos (4 lb 8 oz) de jitomate*

6 pimientos morrones rojos

14 dientes de ajo

1 clavo de olor

2 pimientas gordas

1 cebolla

1 taza de aceite de oliva

4 cucharadas soperas de aceite de oliva

1 cucharada sopera de vinagre

1 cucharada sopera de azúcar

100 gramos (3½ oz) de almendras

50 gramos (1¾ oz) de pasitas

sal al gusto

Previamente:

🖊 Prepare con una semana de anticipación los pimientos morrones: áselos sobre un comal* sin aceite para quitarles la piel; retire las semillas y las venas* y córtelos en tiras. Luego, cúbralos con cuatro cucharadas de aceite de oliva, una de vinagre y seis dientes de ajo picados. Déjelos macerar hasta que los vaya a usar.

🖊 Tres días antes, remoje el bacalao en abundante agua, cambiándola con frecuencia para eliminar el exceso de sal. Cuando esté suave, desmenúcelo y resérvelo.

Después:

🖊 Muela el jitomate con cinco dientes de ajo, el clavo, la pimienta, la cebolla y tres pimientos morrones. Aparte, corte en tiras los tres pimientos morrones restantes.

🖊 Caliente la taza de aceite de oliva y fría en él tres dientes de ajo hasta que se doren. Entonces, retírelos y vierta la salsa de jitomate en el aceite.

🖊 Cuando esté sazonada, ponga el bacalao, las almendras, el azúcar, las pasitas y la sal. Mezcle para que se incorporen y añada las tiras de pimiento morrón.

🖊 Deje cocer a fuego lento, moviendo constantemente para que no se pegue. Sirva caliente.

Bacalao a la veracruzana

⧗ *1 hora*
6 porciones

La costumbre de comer bacalao, un pescado que no existe en sus costas, llegó a México con los españoles y desde el siglo XVI a la fecha se importa de manera regular debido a la constante demanda, sobre todo en Navidad. Lo veracruzano, pues, le viene más bien del modo de prepararlo.

1 kilogramo (2 lb) de bacalao sin piel y sin espinas
2 kilogramos (4 lb 8 oz) de jitomates
¼ de litro (8 ½ oz) y 4 cucharadas soperas de aceite de oliva
10 dientes de ajo
1 cebolla grande
5 pimientos morrones rojos
1 cucharada sopera de vinagre blanco
1 clavo de olor
chiles güeros en escabeche
aceitunas verdes
60 gramos (2 oz) de almendras peladas
1 kilogramo (2 lb) de papas chicas, cocidas y peladas
sal al gusto
agua, la necesaria

Previamente:

☛ Ase los pimientos, quíteles la piel, las semillas y las venas, y córtelos en tiras largas. Cúbralos con cuatro cucharadas de aceite de oliva, una de vinagre y seis dientes de ajo. Deje que se maceren durante una semana.

☛ Remoje el bacalao durante tres días, cambiando el agua tres o cuatro veces al día y manteniéndolo en refrigeración. Escúrralo y desmenúcelo.

Después:

☛ Caliente el aceite en una cazuela y agregue cuatro dientes de ajo.

☛ Retírelos y muélalos, con un poco de agua, junto con la cebolla, los jitomates y tres pimientos morrones.

☛ Ponga el bacalao en la cazuela y añada esta salsa.

☛ Baje la flama y deje sazonar.

☛ Una vez sazonado, incorpore los pimientos restantes cortados en tiritas, las aceitunas, las almendras peladas y las papas.

☛ Mantenga a fuego bajo durante treinta minutos más, moviendo constantemente para evitar que se pegue.

☛ Agregue los chiles cuando el bacalao esté ya cocido, así evitará que se desbaraten.

Camarones en cerveza y ajo

⏳ *30 minutos*
6 porciones

El camarón* mexicano comenzó a pescarse apenas en 1922; desde entonces ha figurado entre los mejores del mundo, incorporándose también a la gastronomía nacional. La pesca de este decápodo es una importante fuente de ingresos para los pescadores, tanto del Oceano Pacífico como para los del Golfo de México.

1 kilogramo (2 lb) de camarón mediano

1 cabeza de ajo

325 mililitros (11 oz) de cerveza (una lata o botella)

4 pimientas negras

4 clavos de olor

65 mililitros (2 oz) de aceite de oliva

mantequilla

sal al gusto

🦐 Un día antes, lave los camarones y quíteles cabeza, cola y caparazón.

🦐 Pique finamente el ajo y saltéelo en el aceite de oliva junto con la pimienta y el clavo. Deben acitronarse, no dorarse. Con mucho cuidado, añada la cerveza y apague.

🦐 Sale los camarones y déjelos macerar toda la noche en la cerveza especiada.

🦐 Al día siguiente, caliente mantequilla en un sartén grande y coloque los camarones, agregando el ajo de la mezcla. Déjelos secar poco a poco y de vez en vez añada un tanto del líquido restante, hasta que estén dorados.

🦐 Sirva con una guarnición de pasta o arroz, y ensalada dulce.

202

Camarones rancheros

⏳ *45 minutos*
6 porciones

El camarón es un alimento de creciente demanda en México, en especial en la época de Cuaresma, por lo que además de la producción marítima, cada año crece el cultivo de este crustáceo, sobre todo en los estados de Sonora, Sinaloa y Nayarit, que suman casi 400 granjas camaroneras.

500 gramos (1 lb) de camarones* medianos

4 jitomates*

2 chiles serranos

3 dientes de ajo

1 cebolla blanca

4 cucharadas soperas de aceite de oliva

1 cucharada sopera de caldo de pollo en polvo

1 cucharada sopera de mantequilla

1 pizca de orégano

1 pizca de sal

1 pizca de pimienta blanca

✎ Ase los jitomates, pélelos y píquelos. Pique finamente la cebolla y el ajo. Corte los chiles en tiras (rajas) finitas y quite las semillas.

✎ Marine los camarones en dos cucharadas soperas de aceite de oliva, sal y pimienta durante 15 minutos.

✎ Caliente en una cacerola una cucharada sopera de aceite de oliva y fría la cebolla unos cinco minutos, añada la mitad del ajo y continúe friendo otros tres minutos, moviendo todo el tiempo.

✎ Agregue el jitomate y cocine a fuego lento por 15 minutos; añada el caldo de pollo en polvo y deje otros 10 minutos.

✎ Aparte, caliente una cucharada sopera de aceite de oliva y una de mantequilla en un sartén y saltee el ajo restante; agregue los camarones y los chiles, y sofría por cuatro minutos.

✎ Viértalos en la salsa de jitomate, cuando esté lista, y agregue el orégano. Deje cocinar cuatro minutos más.

Ceviche de pescado

⏳ *35 minutos y 4 horas previas*
6 porciones

Habría nacido hace 9,000 años en Perú y en la actualidad existen variantes a todo lo largo del litoral del Pacífico latinoamericano. En Acapulco juran que es un plato local, aunque pudo haber sido transportado por los mareños, pueblo que emigró de la costa peruana a Oaxaca hace unos mil años.

1 kilogramo (2 lb) de filete del pescado de su preferencia

16 limones

3/4 de taza de salsa catsup*

1/3 de taza de aceite de oliva

8 jitomates* chicos

1 cebolla mediana

1/2 manojo de cilantro

4 chiles serranos*

sal y pimienta al gusto

🌶 Lave muy bien los filetes y córtelos en cuadritos pequeños.

🌶 Póngalos en un tazón, exprima encima los limones y deje reposar en el jugo durante cuatro horas. Quite las semillas de los jitomates y píquelos. Quite las semillas y las venas* de los chiles y también píquelos. Pique el cilantro y la cebolla.

🌶 Saque el pescado y enjuáguelo con agua limpia.

🌶 En una ensaladera incorpore la salsa catsup, el aceite, el jitomate, la cebolla, el cilantro y los chiles. Añada el pescado y mezcle. Sazone con sal y pimienta.

🌶 Deje reposar durante 20 minutos en el refrigerador.

🌶 Sirva en copas cocteleras, acompañado con las galletas, o bien sobre tostadas de tortilla de maíz.

Croquetas de atún

Con 140 mil toneladas anuales, México es el productor de atún más importante de América Latina, por lo que siempre ha sido un alimento frecuente en las mesas mexicanas y desde hace más de una década el aprovechamiento de este recurso se hace sin afectar a los delfines, nuestros amigos.

4 papas* media-
nas
1 lata de atún
¼ de cebolla
1 rama de perejil
1 pizca de polvo
para hornear
1 huevo
pan molido
sal al gusto
aceite de maíz o
de cártamo

🌶 Pique finamente la cebolla y el perejil. Cueza las papas en agua, pélelas y macháquelas muy bien.

🌶 Agregue el huevo, la cebolla, el perejil, el polvo para hornear y sal. Revuelva bien hasta obtener una pasta homogénea. Deje reposar unos minutos.

🌶 Divida en 12 porciones y con cada una forme una tortita poniendo un poco de atún en el centro. Ciérrelas y páselas por el pan molido.

🌶 Ponga aceite en un sartén; cuando esté bien caliente, baje la flama a fuego lento y fría las tortas cuidando que se doren parejo. Sírvalas con una guarnición fresca, como cebolla, jitomate y/o pepino en rodajas y el aliño de su preferencia.

Empanadas de jaiba

⏳ *1 hora*
6 porciones

Si con algún lugar se identifica la jaiba es con el puerto de Tampico, Tamaulipas, en cuyas calles y playas se puede observar a un ejército de vendedores pertrechados con charolas repletas de estas exquisitas empanadas

250 gramos (9 oz) de pulpa de jaiba cocida

1 kilogramo (2 lb) de jitomates*

300 gramos (10½ oz) de harina

100 gramos (3½ oz) de manteca de cerdo

2 chiles cuaresmeños*

2 huevos

1 cucharada sopera de polvo de hornear

1 cebolla mediana

2 dientes de ajo

2 cucharadas soperas de aceite de oliva

1 cucharada sopera de vinagre blanco

aceite de maíz o de cártamo

sal al gusto

🖋 Desmenuce la pulpa de jaiba y reserve. Licue los jitomates con los ajos y la cebolla.

🖋 Caliente el aceite de oliva en un sartén, fría la salsa y agregue el chile cuaresmeño.

🖋 Añada la jaiba y cocine esta mezcla a fuego lento hasta que se seque. Deje enfriar.

🖋 Cierna la harina con el polvo de hornear. Disuelva sal en un poco de agua y añádala a la harina con los huevos y la manteca. Revuelva todo y deje reposar durante media hora.

🖋 Pasada la media hora, amase hasta que quede uniforme y divídala en porciones pequeñas con forma de bolitas. Con un rodillo, estire las bolitas hasta que queden delgadas. Corte en círculos con un molde o plato.

🖋 Añada un poco del relleno de jaiba ya frío a cada círculo de masa, humedezca los bordes, doble a la mitad y cierre las empandas con sus dedos. Asegúrese de que queden bien cerradas.

🖋 Ponga abundante aceite en otro sartén, caliéntelo bien y vaya friendo las empanadas por ambos lados. Saque y escurra.

Huachinango a la naranja

Ya sea con el nombre de huachinango* o con el de pargo, esta variedad de peces se captura a lo largo de todas las costas mexicanas. En el Pacífico, desde Baja California hasta Chiapas, y en el Golfo de México, desde Tamaulipas a Yucatán, por lo que obviamente son innumerables las maneras de cocinarlo.

1 huachinango de 1.5 kilogramos (3 lb 5 oz)

½ litro (1 pt) de jugo de naranja

3 naranjas

2 pimientos morrones

pimienta al gusto

sal al gusto

margarina

🌶 Pele las naranjas y separe los gajos. Ase los pimientos en un comal y envuélvalos en una servilleta de tela ligeramente húmeda hasta que se les desprenda la piel. (Con este mismo fin algunos cocineros prefieren usar una bolsa de plástico para que los chiles "suden".) Retire los restos de piel, las semillas y las venas*, y córtelos en tiras (rajas).

🌶 Lave el pescado, escúrralo y espolvoréelo con sal y pimienta.

🌶 Engrase con margarina un molde refractario y coloque el pescado. Ponga encima pequeños trozos de margarina y agregue el jugo de naranja.

🌶 Hornee hasta que esté cocido; entonces, adorne con los gajos de las naranjas y las rajas. Hornee cinco minutos más.

Milanesa de pescado

⏳ *20 minutos*
6 porciones

La primera receta escrita de milanesas se debe a un oficial austriaco que combatió contra Napoleón, consignada en una carta en que las llama cotolette alla milanese (costillas al modo milanés). Y los mexicanos decidieron aplicar esta receta, que en casi todo el mundo se elabora con cortes de res o de pollo, al pescado.

6 filetes del pescado de su preferencia
2 huevos
pan molido
sal al gusto
pimienta al gusto
aceite para freír
mayonesa

✒ Lave los filetes en agua fría, séquelos y póngales sal y pimienta.

✒ Bata el huevo en un plato, pase los filetes y revuélquelos en el pan molido.

✒ Ponga aceite en un sartén y caliente a fuego lento. Fría los filetes uno por uno, dando vuelta para que se doren de ambos lados. Conforme se vaya consumiendo el aceite, agregue más pero conservando siempre la temperatura adecuada.

✒ Ponga una cucharada de mayonesa sobre cada uno y acompañe con una ensalada verde.

Pan de cazón

⏳ *45 minutos*
6 porciones

Plato que aún se puede saborear en los restaurantes de Campeche y cuyo origen se remontaría a las comunidades mayas prehispánicas asentadas en lo que hoy es suelo campechano, como la de Ah-Canul y la de Champotón, que practicaban la pesca de modo regular.

1 kilogramo (2 lb) de cazón

12 tortillas de harina

7 ramas de epazote

1 cebolla blanca

2 cucharadas cafeteras de consomé en polvo

1 diente de ajo

3 jitomates

3 tazas de frijoles negros de la olla (ver receta) con todo y su caldo

aceite de maíz o de cártamo

🖋 Pique la cebolla y el ajo. Cueza los jitomates, pélelos y lícuelos.

🖋 Cueza el cazón con dos ramas de epazote, la mitad de la cebolla y una cucharada cafetera de consomé en polvo. Escúrralo, desmenúcelo y reserve.

🖋 En una cacerola caliente aceite y acitrone la cebolla restante y el ajo; agregue el jitomate y sazone con dos ramas de epazote y la otra cucharada cafetera de consomé. Si queda demasiado espesa la mezcla, agregue un poco de agua.

🖋 Licue los frijoles en su caldo. Luego, ponga aceite en un sartén y saltee las tortillas de harina para que queden ligeramente doradas. Pase la mitad de ellas por la salsa sin que se humedezcan demasiado y dispóngalas en capas en una cazuela de barro, si es posible, o en un refractario para horno.

🖋 Cúbralas con el frijol licuado, encima ponga el cazón y agregue más jitomate. Dore y pase por la salsa el resto de las tortillas y cubra todo. Vierta encima el jitomate.

🖋 Caliente el horno a 200 °C (392 °F) y hornee por 15 minutos. Pique el epazote restante para espolvorearlo sobre el pan cuando salga del horno. Sirva caliente.

Pescados

Pescado a la veracruzana

⏳ *45 minutos*
6 porciones

Punto de llegada de los españoles a México, el puerto de Veracruz, que quiere decir "de la verdadera cruz", puede ostentarse como el lugar donde comenzó el mestizaje culinario. Y su plato más famoso es, sin duda, esta receta en la que destacan las aceitunas, noble fruto llegado de Andalucía.

8 rebanadas de huachinango* de 200 gramos (7 oz) cada una

2 kilogramos (4 lb 8 oz) de jitomate*

6 dientes de ajo

2 cebollas grandes

24 aceitunas grandes

5 hojas de laurel

4 ramitas de orégano fresco

2 ramitas de tomillo fresco

2 ramitas de mejorana

2 ramas de perejil

2 limones

1 chorrito de vinagre blanco

papel absorbente

aceite de oliva

chiles cuaresmeños* al gusto

sal al gusto

✒ Unte el huachinango con jugo de limón y sal. Rebane la cebolla, el jitomate y dos dientes de ajo. Reserve.

✒ Caliente muy bien aceite de oliva en un sartén y dore los otros cuatro dientes de ajo; añada la cebolla, el jitomate y el ajo que reservó. Cocine a fuego medio durante 10 minutos. Luego agregue las aceitunas, la mejorana, el laurel, el tomillo, el orégano, el chile cuaresmeño y un chorrito de vinagre. Deje a fuego lento durante media hora.

✒ Use el papel absorbente para secar las rebanadas de pescado y caliente un sartén con un poco de la salsa. Introduzca las rebanadas crudas y déjelas hasta que estén en su punto.

✒ Pique el perejil y agréguelo al pescado junto con el resto de la salsa. Deje cocer sólo un poco más para que se integren los sabores.

Pescados

Pescado al mojo de ajo

En la cocina mexicana el ajo se usa generalmente combinado con la cebolla para saborizar casi cualquier caldo o salsa, pero tampoco es ajena al concepto de mojo (del portugués molho, salsa) que proviene de las Islas Canarias, donde se preparan mojos picantes sin chile.

6 filetes del pescado de su preferencia

12 dientes de ajo

aceite de oliva

sal al gusto

pimienta recién molida

🌶 Machaque los dientes de ajo hasta obtener una pasta tosca. Lave los filetes; escurra y séquelos con un paño o servilleta de papel.

🌶 Unte los filetes con sal, pimienta y un poco de la pasta de ajo.

🌶 Caliente el aceite en un sartén antiadherente y agregue el pescado y el resto del ajo. Fría a fuego lento durante dos minutos por cada lado. Pueden servirse acompañados de una ensalada de lechuga italiana, aros de cebolla, rodajas de jitomate* y algún aderezo.

Pescado al perejil

⌛ *45 minutos*
6 porciones

El perejil fue uno de los condimentos del Viejo Continente que mayor impacto tuvieron sobre las costumbres gastronómicas indígenas y se integró rápidamente al sistema de cultivo conocido como chinampas. Quizá por ello, no hay plato mexicano que lo considere seco; se da por descontado que debe ser fresco.

6 filetes del pescado de su preferencia
125 mililitros (4 oz) de aceite de oliva
1 limón
2 ramos de perejil
sal y pimienta blanca
harina de trigo
toallas de papel absorbente

🌶 Pique el perejil. Bañe los filetes con el jugo del limón y déjelos marinar junto con una cucharada de perejil.

🌶 Quíteles el exceso de humedad colocándolos sobre las toallas de papel.

🌶 Sazónelos con sal y pimienta.

🌶 Páselos por harina y fríalos en el aceite.

🌶 Adorne con el resto del perejil.

🌶 Puede servirlos con una guarnición de cebollas asadas.

Robalo estilo Guerrero

⏳ *30 minutos*
6 porciones

Altamente apreciado por los practicantes de la pesca deportiva, debido a su inteligencia y tenacidad, el robalo o lubina no es menos grato a la mesa de los mexicanos. Y aunque se pesca tanto en el Pacífico como en el Golfo de México, la demanda ha impulsado su cultivo en estanques.

Ingredientes
6 rebanadas de robalo
10 hojas de lechuga orejona
1 trozo de cebolla
5 dientes de ajo
3 cominos
4 pimientas negras
4 cucharadas soperas de vinagre
2 limones
chile pasilla* al gusto
sal al gusto
aceite de maíz o de cártamo

🌶 Lave las rebanadas de pescado y úntelas con sal y el jugo de los limones; déjelas reposar una hora. Quíteles las semillas y las venas* a los chiles y póngalos a remojar.

🌶 Escurra el pescado. Ponga a calentar aceite en un sartén y fría las rebanadas de pescado hasta que doren de ambos lados. Retírelas del fuego.

🌶 Licue los chiles con la cebolla, el ajo, los cominos, las pimientas y el vinagre. Cuele y fría esta salsa unos minutos.

🌶 Pique finamente la lechuga. Ponga el pescado en platos, bañe con la salsa y adorne con la lechuga

Vuelve a la vida

Por asimilación, los mexicanos llaman coctel a preparaciones que combinan distintos ingredientes con algo en común; así se dice que hay cocteles de fruta, cocteles de verdura y cocteles de mariscos. El más famoso de éstos se prepara con esta receta.

750 gramos (1 lb 10 oz) de pulpo

250 gramos (9 oz) de camarón*

36 piezas de ostión*

125 gramos (4 oz) de callo de hacha

125 mililitros (4 oz) de vino blanco

1 cebolla

¼ de litro (8½ oz) de salsa cátsup

1 aguacate* Hass

5 limones

1 cucharadita de salsa inglesa

salsa picante al gusto

sal y pimienta al gusto

3 ramas de cilantro

galletas saladas

☛ Corte en trocitos el callo de hacha. Exprima los limones, agregue sal al jugo y macere el callo de hacha durante dos horas.

☛ Cueza el camarón y el pulpo, escurramos y pique este último. También pique la cebolla y el cilantro.

☛ Mezcle el pulpo, los camarones, los ostiones, el callo de hacha con su salmuera, el vino blanco, la cebolla, el cilantro, las salsas, sal y pimienta.

☛ Sirva en copas individuales. Adorne con rebanadas de aguacate y acompañe con galletas saladas.

Salsas

No hay mayor pasión gastronómica que la que siente el mexicano por el chile.

Asombrado, fray Bernardino de Sahagún, uno de los primeros cronistas del Nuevo Mundo, consignaba que los naturales de estas tierras "...si no comen chile piensan que no han comido". Y la verdad es que en lo esencial las cosas no han cambiado mucho.

Vaya usted a saber, tal vez sea que la capsicina y al ácido decilénico (las sustancias que lo hacen picante) son adictivas. O tal vez es sólo un muy viejo y terco hábito, pues estudios arqueológicos estiman que en el año 7000 a. C. ya se cultivaba en las regiones de Tehuacan, Puebla, y Ocampo, Tamaulipas.

Pero, ¡momento!, ¿qué el tema no eran las salsas? ¡Ah!, claro. Es que los mexicanos aún suelen olvidar que en sociedades menos desarrolladas, culinariamente hablando, se ignora que la noción de salsa implica obligadamente la de chile; decir salsa picante es una atroz redundancia.

Por supuesto, están las enchiladas, los chiles rellenos, las chilacas y la multitud de recetas en las que, en uno u otro momento, aparece la inevitable instrucción: "y entonces agregue los chiles". Pero eso también se da por sentado.

Fuera de lo implícito, la forma estelar de comer chile es en salsa. Para adobar los platos elaborados

sin chile o para hacer más picantes a los que sí. Y ni pregunte: México agrupa la mayor parte del millar de variedades de chile que existen en el mundo y las de mayor importancia comercial se desdoblan en dos o tres tipos según su procesamiento.

Con cada una de estas variedades o tipos es posible hacer una salsa… o dos, o tres. Mejor, lector, acérquese a las recetas.

Por cierto: ni ají, ni guindilla, ni pimentón. Si es *Capsicum spp.*, el nombre original es chile (del náhuatl chilli).

Chiles jalapeños

⏳ *1 hora y 45 minutos y el día posterior*
8 porciones

En una amplia zona central de México este chile es llamado cuaresmeño* cuando se adquiere crudo y jalapeño* si está encurtido. No es una salsa pero su función es similar, ya que se usa como guarnición en platos preparados sin chile a fin de añadirles su sabor picante precisamente mientras se comen.

500 gramos (1 lb) de chiles cuaresmeños*

4 zanahorias medianas

agua (la suficiente para hervir las verduras de tal manera que queden cubiertas)

½ cabeza de ajos sin cáscara

½ cebolla mediana

1/2 litro (1 pt) de agua

125 mililitros (4 oz) de taza de aceite de oliva

¼ de litro (8 ½ oz) de vinagre de manzana

5 piezas de pimienta gorda

10 piezas de pimienta negra

1 ramillete de hierbas de olor*

1 cucharada cafetera de sal de mesa

1 cucharada cafetera de azúcar

envases de cristal con tapa, perfectamente limpios

🖊 Lave muy bien los chiles y las zanahorias.

🖊 Corte la cebolla en plumas (en el sentido del rabo a la punta) y las zanahorias en rodajas. (Si lo prefiere, corte los chiles en rajas, y si no le gusta muy picante, quite las venas* y las semillas. Lávese las manos para evitar enchilarse, o use guantes de látex.)

🖊 En una cacerola con agua ponga a hervir los ajos, las pimientas, las hierbas de olor y el vinagre. Cuando rompa el hervor agregue el aceite de oliva y espere a que hierva nuevamente. Deje hervir unos dos minutos más.

🖊 Agregue los jalapeños, las zanahorias, la sal y el azúcar, cuidando que el agua cubra todos los ingredientes, y cocine a fuego lento por aproximadamente diez minutos más.

🖊 Mientras, ponga a hervir agua en una olla para esterilizar los envases de cristal, que deben quedar totalmente cubiertos. No hierva las tapas. Deje que los envases hiervan de 5 a 10 minutos.

🖊 Tome un frasco esterilizado y con un cucharón de madera empiece a llenarlo con los chiles, cebollas y zanahorias, tratando de que queden bien repartidos y sin aire entre ellos.

🖊 Si se forman burbujas (es más frecuente con los chiles en rajas), sáquelas con una cuchara esterilizada y asegúrese de que no haya ninguna.

☛ Esterilice las tapas, sumergiéndolas en el agua hirviente por unos segundos inmediatamente antes de usarlas.

☛ Tape el frasco y colóquelo con la tapa hacia abajo. Deje que se enfríe durante un día. Si transcurridas 24 horas hay burbujas, el contenido no puede conservarse ya que falló el proceso y no está completamente sellado. Sin embargo puede comerlo ya.

Salsas

Guacamole

⏳ *20 minutos*
8 porciones

En países donde el aguacate* es caro, esta exquisita preparación suele adicionarse con crema o mayonesa para obtener su característica consistencia, pero sólo se logra matar su delicado sabor, por lo que no hay más remedio que seguir el mismo milenario método que usaban ya los olmecas, la cultura más antigua de Mesoamérica.

3 aguacates Hass
5 chiles serranos*
¼ de cebolla blanca
1 tomate verde*
1 ramito de cilantro fresco
sal al gusto

🌶 Pique finamente el cilantro y reserve. Asimismo, pique finamente la cebolla, el tomate y los chiles. Muélalos con sal en un molcajete* o mortero, si es posible, o macháquelos con un tenedor en un tazón, hasta obtener una tosca pasta.

🌶 Rebane los aguacates por la mitad a lo largo, saque la pulpa a cucharadas y añádala a la mezcla anterior. Ponga el cilantro también y muela nuevamente; los ingredientes deben quedar bien mezclados, pero la consistencia debe ser grumosa. Rectifique la sal.

🌶 Puede usarse como guarnición, pero también puede comerse como botana con totopos (ver receta) o tortillas de maíz (ver receta) recién hechas.

Pico de gallo

⧗ *30 minutos*
8 porciones

Se le conoce en casi todo el país por este nombre que compara su sabor con un picotazo de gallo y su aspecto con el colorido plumaje de esta ave. Es importante no confundir con la ensalada de frutas y chiles que se prepara, con la misma denominación, sólo en Jalisco.

500 gramos (1 lb) de jitomate*

1/2 cebolla blanca

1 ramo de cilantro fresco

3 o 4 chiles serranos*

1 limón

sal al gusto

🌶 Corte los jitomates en rebanadas de unos 7 mm (¼ de pulgada) de ancho y retíreles las semillas; luego corte las rebanadas en cuadros. Pique la cebolla un poco más fino, pero no mucho, que el jitomate y rebane los chiles en rodajas delgadas. Pique el cilantro finamente.

🌶 Ponga todo junto en un tazón o ensaladera; exprima el limón y añada dos cucharadas cafeteras de su jugo. Revuelva, ponga sal y vuelva a revolver.

🌶 Deje reposar por lo menos 15 minutos antes de servir.

Salsas

Salsa de chile morita

Su nombre es una evocación de las moras, ya que su color es similar. Para la botánica y la industria alimentaria es sólo una variedad, más pequeña, del chipotle* seco pero los gastrónomos consideran que hay una diferencia de sabor que trasciende las clasificaciones taxonómicas.

10 chiles moritas*
6 dientes de ajo
2 jitomates*
3 cucharadas soperas de aceite de maíz o cártamo
¼ de litro (8½ oz) de agua
sal al gusto

⧗ 20 minutos
8 porciones

🌶 Quítele las venas,* los rabos y las semillas a los chiles.

🌶 Caliente aceite en un sartén y fría los ajos y los chiles hasta que éstos se inflen.

🌶 Aparte ponga a hervir el agua, añada los jitomates y los chiles y déjelos remojar durante cinco minutos.

🌶 Después licue junto con los ajos en un poco del agua donde se remojaron.

🌶 Fría esta salsa en el aceite ya usado, ponga sal a su gusto y deje cocinar hasta que espese.

Salsa verde asada

Una variante de la salsa verde tradicional con la que se busca lograr un acento ligeramente ácido en el sabor. En especial es muy apreciada para ciertas clases de tacos con carne.

250 gramos (9 oz) de tomate verde*
1 cebolla
1 diente de ajo grande
chiles de árbol secos (uno por tomate)
¼ de litro (8½ oz) de caldo de pollo
consomé de pollo en polvo
sal al gusto
pimienta al gusto

⧗ 15 minutos
8 porciones

🌶 Ase muy bien los tomates verdes, la cebolla, el ajo y los chiles en un comal.

🌶 Licue estos ingredientes con el caldo de pollo, añadiéndolo poco a poco para que no quede ni muy espesa ni demasiado aguada.

🌶 Sazone con el consomé en polvo, la sal y la pimienta.

🌶 Si la salsa queda ácida en exceso, puede ponerle una pizca de azúcar.

Salsa borracha

Probablemente el nombre del chile pasilla* se deba al parecido de su piel, en color y textura, con el de la uvas o ciruelas pasas, parecido que se acentúa por su sabor dulzón. Bajo la forma de esta salsa es un fiel acompañante de la tradicional barbacoa de borrego.

5 chiles pasilla
3 dientes de ajo
¼ de cebolla blanca
180 mililitros (6 oz) de jugo de naranja fresco
60 mililitros (2 oz) de cerveza o tequila blanco
sal al gusto

⧗ 25 minutos
8 porciones

☙ Remoje los chiles en agua muy caliente hasta que estén blandos. Rebane la cebolla y el ajo.

☙ Escurra los chiles y córtelos en pedazos. Muélalos en un molcajete, si es posible, o en un mortero, con el ajo la cebolla, el jugo de naranja y el alcohol. También puede licuarlos, siempre y cuando obtenga un puré de textura áspera.

Salsa de chile de árbol

Los ojos inexpertos suelen confundir el chile de árbol* con el serrano* hasta que, a veces demasiado tarde, notan que tiene un sabor picante mucho más fuerte. En realidad está más bien emparentado con el célebre chile piquín, y en la actualidad es cultivado en lugares tan remotos como Sudán, África.

10 chiles de árbol
6 tomates verdes*
1 cebolla chica
3 dientes de ajo
sal al gusto

⧗ 15 minutos
8 porciones

☙ Los chiles y los tomates se asan en un comal.

☙ Una vez asados, se muelen con los ajos y la cebolla, de preferencia en un molcajete* o mortero.

☙ Agregue sal al gusto mientras realiza la molienda.

Salsas

Salsa roja

⏳ *25 minutos*

8 porciones

Existen alrededor de dos o tres mil diferentes tipos de chile, pero el serrano* —también conocido como chile verdes— es sin duda el más popular en México y un ingrediente de rigor en la salsa mexicana. Los los más aficionados al picante suelen comerlo a mordiscos para acompañar casi cualquier platillo.

500 gramos (1 lb) de jitomate*

6 a 8 chiles serranos*

2 dientes de ajo

1 cebolla chica

sal al gusto

✒ Ase en un comal los chiles junto con los jitomates

✒ Pique la cebolla y los ajos, y muélalos con sal en un molcajete,* de ser posible, o en un mortero. Vaya incorporando los chiles y al final los jitomates, hasta obtener un puré tosco.

✒ Si desea una consistencia más homogénea, en vez de moler en el molcajete, licue todos los ingredientes y sazone con sal al final.

Salsa verde

⏳ *15 minutos*
8 porciones

Junto con la salsa roja, constituye el aderezo infaltable de casi cualquier antojito mexicano, en especial los de maíz. De ahí la inevitable pregunta en las fondas, restaurantes y comercios callejeros: ¿con salsa verde o roja?

500 gramos (1 lb) de tomates verdes*
6 chiles serranos*
2 dientes de ajo
½ cebolla blanca
1 ramo de cilantro fresco
sal al gusto

☛ Pele y lave los tomates. Póngalos en una cacerola con agua suficiente para cubrirlos y hiérvalos unos 10 minutos hasta que estén suaves.

☛ Rebane la cebolla, los chiles y el ajo y lícuelos con las tomates y sal hasta obtener una mezcla homogénea.

☛ Vierta la salsa en un tazón, pique finamente el cilantro y rocíelo sobre ella.

Sopas

En tratándose de sopas y caldos, la gastronomía mexicana nos ofrece un abanico de una gradación tan fina que puede ir de una básica e insustituible sopa de fideos hasta un recargado caldo tlalpeño, que es casi una comida completa en sí mismo, sin que nos demos cuenta en qué momento se produjo la transición.

Subyace a esto la idea de que todo alimento que ha de comerse cuchareado, esto es, de base líquida, puede ser definido como sopa o caldo, términos por demás relativamente equivalentes en la mentalidad culinaria mexicana.

Porque, trátese del prestigiado restaurante o del potaje casero, lo importante no es la definición, sino el sabor.

Y para lograrlo, como en la guerra y en el amor, todo se vale.

Caso extremo: en ciertos lugares de Tlaxcala y Puebla insisten en cocinar la sopa de charales —diminutos pescados de agua dulce— al modo prehistórico, de antes de la invención de la alfarería. Leyó bien: tome un cuenco de calabaza endurecida, ponga el agua y los ingredientes, introduzca piedras de río calentadas directamente al fuego a cientos de grados, espere a que se cueza el contenido y sirva antes de que se enfríe.

Pero no tema, lector, hay muchas buenas sopas y caldos mexicanos que no han menester tan extraordinarios medios. La cuestión es proporcionar sabores nuevos, cada día, a la misma base líquida. Y si no, al menos darle esquinazo.

En efecto, para ello, los mexicanos han desarrollado el dialéctico concepto de sopa seca. Volvió a leer bien: hágase un plato sin caldo, generalmente una pasta, déle galones de primer tiempo y haga que inicie el desfile gastronómico.

En México nadie lo va a notar, porque lo importante es el sabor.

Y lo mismo con ciertos caldos, como el tlalpeño o el de Indianilla, que en ciertos casos se avienen a olvidarse de que se bastan a sí mismos como almuerzo o cena para cubrir un segundo o tercer tiempo.

Caldo de pescado

⏳ *40 minutos*
8 porciones

Una de las raíces más sólidas de la gastronomía de Sonora, de donde proviene este caldo, se remonta a la práctica de la pesca como una de las ocupaciones principales por parte de sus antiguos habitantes, lo que se refleja no sólo en la mesa, sino en el hecho de que ocupa el primer lugar nacional en producción pesquera.

500 gramos (1 lb) de pescado

3 chiles California o chilacas*

6 jitomates chicos

½ cebolla picada

3 dientes de ajo

1 rama de perejil

1½ litro (3 pt) de agua

2 cucharadas soperas de aceite

1 pizca de orégano seco

sal al gusto

🖋 Lave el pescado y córtelo en trozos. Pique los jitomates, los chiles y la cebolla y machaque el ajo.

🖋 Acitrone* la cebolla y el ajo en el aceite caliente.

🖋 Añada el jitomate y los chiles; cuando el jitomate cambie de color agregue el agua, el orégano y sal al gusto. Déjelo a fuego medio hasta que suelte el hervor.

🖋 Incorpore el pescado, tape y deje cocer durante ocho minutos aproximadamente.

🖋 Agregue el perejil y deje hervir durante dos minutos más para evitar que el pescado se desbarate.

🖋 Sirva caliente. Si lo desea puede agregar unas gotas de limón.

Caldo de camarón

A principios del siglo XX, la captura de camarón era una actividad artesanal en México, para la que se usaban balsas de troncos llamadas "pangas" y el hielo de la naciente industria refresquera; ya entonces su caldo era sumamente popular entre los propios pescadores.

100 gramos (3 ½ oz) de camarón* seco
2 zanahorias
10 papas* Cambray
1¾ litros (3 pt 11 oz) de agua
2 hojas de laurel
chile serrano* al gusto.
pimentón* en polvo

⏳ 1 hora y 45 minutos y el día posterior
8 porciones

🌶 Corte las zanahorias en cubos. Limpie el camarón y enjuáguelo.

🌶 En una olla, ponga el camarón con las papas. Deje que hierva unos 10 minutos y agregue las zanahorias, el chile y las hojas de laurel.

🌶 Cuando los vegetales estén tiernos, añada el pimentón.* No es necesario poner sal. Sirva bien caliente.

Caldillo duranguense

Existen múltiples variantes del caldillo en Durango; no obstante, en lo esencial es una preparación tan representativa, que la comparten municipios tan distantes como Topia, cerca de Chihuahua, y Vicente Guerrero, cerca de Zacatecas.

500 gramos (1 lb) de bisteces* de res
2 chiles mulatos* o anchos*
1 jitomate* grande
1 diente de ajo
1¼ litros (2 pt 10 oz) de agua
¼ de cebolla
sal al gusto
aceite de maíz o de cártamo

⏳ 45 minutos
6 porciones

🌶 Corte la carne en cuadros. Pique la cebolla. Ase y pele el jitomate. También ase los chiles, pélelos y quíteles las semillas y las venas;* luego córtelos en tiras (rajas).

🌶 En un sartén, ponga a saltear el ajo y la cebolla. Cuando acitronen* añada el jitomate y fríalo hasta que se deshaga.

🌶 En una cacerola fría la carne; cuando esté, lista añada el jitomate, los chiles y el agua. Agregue sal y hierva hasta que la carne esté suave.

Sopas

Caldo de Indianilla

Indianilla era un barrio de la ciudad de México, famoso porque hasta la década de los sesenta abundaban cenadurías en las que este platillo hacía las delicias tanto de los tranviarios que guardaban sus vehículos en una terminal cercana como de los trasnochadores que buscaban aliviar su resaca.

1 pollo en piezas
3 dientes de ajo
250 gramos (9 oz) de arroz
250 gramos (9 oz) de garbanzo
2 zanahorias
1 ramita de perejil
2 litros (½ gal) de agua
cebolla al gusto
cilantro al gusto
limones al gusto
chiles serranos* al gusto
sal al gusto

🖋 Ponga a remojar los garbanzos. Pique el perejil, el cilantro, los chiles la cebolla. Reserve un trozo de ésta sin picar.

🖋 Ponga a cocer el pollo en el agua con la cebolla que no picó, el ajo, el perejil, las zanahorias y la sal. Cuando todo esté tierno, retire del fuego cuele el caldo y desmenuce el pollo. Mantenga caliente el caldo.

🖋 Cueza los garbanzos y el arroz por separado.

🖋 Sirva en un plato hondo una cucharada de arroz, otra de garbanzos, un puñado de pollo y caldo.

🖋 Corte limones en cuartos y preséntelos en el mismo recipiente que el cilantro, los chiles y la cebolla, pero sin revolver, para que los comensales se sirvan al gusto.

Caldo tlalpeño

⏳ *30 minutos*
6 porciones

Apesar de los años transcurridos, este exquisito platillo sigue siendo uno de los favoritos de los habitantes del Valle de México, de donde es originario. De hecho, su nombre proviene del antiguo pueblo de Tlalpan, que hoy es parte de la enorme ciudad de México.

1½ litros (3 pt) de caldo de pollo
1 pechuga de pollo, sin piel
1 manojo de menta fresca
1 cucharada sopera de aceite de cártamo
½ cebolla blanca, grande
1 zanahoria grande
2 dientes de ajo
1 chile chipotle* en adobo
1 manojo de epazote* fresco
½ cucharada cafetera de pimienta recién molida
460 gramos (16 onzas) de garbanzos precocidos (pueden ser de lata)
1 o 2 limones
1 aguacate* Hass

🌶 Cueza la pechuga y la menta en el caldo de pollo, a fuego lento, durante 15 minutos en una cacerola parcialmente tapada. El pollo debe quedar opaco.

🌶 Apague para sacar la menta y el pollo. La primera se desecha y el segundo se deja enfriar a la temperatura ambiente. El caldo se reserva.

🌶 Deshuese la pechuga y deshebre la carne.

🌶 Pique la cebolla y corte la zanahoria en cubitos; también pique finamente el chile.

🌶 Ponga el aceite a fuego medio en una cacerola grande y cuando esté caliente ponga a saltear la zanahoria y la cebolla aproximadamente cinco minutos, hasta que ésta quede traslúcida.

🌶 Añada el ajo y saltee un minuto más.

🌶 Vierta el caldo y agregue el chile, el epazote, la sal y la pimienta. Hierva a fuego lento, con la cacerola tapada, durante 20 minutos.

🌶 Destape, añada los garbanzos y, sin volver a tapar, déjelo cocer otros 10 minutos.

🌶 Añada el pollo deshebrado y caliente perfectamente el caldo.

🌶 Corte los limones en triángulos y el aguacate en cubitos. Sirva la sopa en tazones calientes y adórnela con el aguacate; los limones cortados van al centro de la mesa.

Sopas

Chileatole

⌛ *1 hora*
6 porciones

En sus orígenes, era más bien una bebida ya que sólo constituía una variante del atole, que servía para reanimar a los antiguos habitantes de los que hoy es Puebla y Tlaxcala durante la temporada de frío. La carne supone ya el mestizaje, pero se sigue preservando la misma consistencia prehispánica.

1 kilogramo (2 lb) de pulpa o codillo de res en trozos

2 litros de agua (½ gal)

1½ cebollas

1½ cabezas de ajo

6 chiles chipotles*

3 chiles anchos*

1 pizca de comino

1 pizca de orégano

1 pizca de anís

100 gramos (3½ oz) de masa de maíz

4 tomates verdes*

2 clavos de olor

3 jitomates*

aceite de maíz o de cártamo

🌶 En una olla, ponga a cocer una cebolla y una cabeza de ajo con el agua. Cuando empiece a hervir, añada la carne y cocine hasta que esté bien cocida. Agregue sal a su gusto.

🌶 Ase en un comal los jitomates, los tomates verdes, ½ cebolla y el resto de los ajos. Después ase el comino, el orégano, el anís y los clavos. Reserve.

🌶 Caliente aceite en un sartén y dore los chiles; sáquelos y remójelos en agua caliente unos 15 minutos. Lícuelos con la misma agua junto con los ingredientes asados.

🌶 En el mismo aceite, fría esta salsa durante veinte minutos y agréguela al caldo con la carne.

🌶 Disuelva la masa de maíz en agua fría hasta obtener una consistencia aguada y añada al caldo. Cocine unos minutos hasta que espese.

Chilpachole de jaiba

⏳ *1 hora y 20 minutos*
6 porciones

La jaiba* es un tipo de cangrejo típico de México que se usa en numerosos platillos tradicionales. Su carne tiene un sabor ligeramente dulce, es baja en colesterol y tiene un elevado contenido de proteínas.

500 gramos (1 lb) de pulpa de jaiba cocida

1½ litros (3 pt) de agua

10 jaibas frescas

2 cebollas

3 dientes de ajo

1 rama de epazote*

8 chiles guajillos*

aceite de cártamo o de maíz o manteca para freír

sal al gusto

🌶 Quíteles el caparazón a las jaibas y lávelas. Caliente agua en una olla y, cuando hierva, introduzca las jaibas enteras hasta que estén cocidas. Después déjelas enfriar y pártalas a la mitad. Cuele el caldo y no lo tire.

🌶 Quítele las semillas y las venas* a los chiles para tostarlos, luego póngalos a remojar en agua caliente. Parta en cuatro las cebollas y áselas en un sartén o comal sin aceite junto con los ajos. Licue las cebollas, los ajos y los chiles junto con el agua en donde se remojaron. Cuando la mezcla esté lista, fríala en aceite y cuele.

🌶 Caliente el caldo de las jaibas en otra olla y añada el sofrito. En cuanto comience a hervir, agregue la pulpa de jaiba y el epazote. Continúe cocinando durante 20 minutos a fuego bajo para darle sazón.

Sopas

Coditos a la jardinera

⏳ *45 minutos*
6 porciones

Los coditos no son otra cosa que macarrones, la celebre pasta de origen italiano, pero vistos con ojos de mexicano. Y, por supuesto, los cocina a su modo para hacer un tipo de sopa que denomina "seca" sin mayor empacho, aunque pudiera parecer un contrasentido.

1 paquete de coditos*

1 pimiento verde

1 pepino*

2 zanahorias peladas

1 trozo de cebolla

200 gramos (7 oz) de queso crema*

2 cucharadas de crema o mayonesa

1 cucharadita de mostaza

1 cucharada sopera de aceite de maíz o cártamo.

sal y pimienta al gusto

🌶 Cueza los coditos en agua con sal y el aceite. Escúrralos y enjuague con agua fría.

🌶 Mientras, pique el pimiento y la cebolla. La zanahoria, córtela en cubitos. Quite las semillas al pepino y píquelo. Mezcle todo y reserve.

🌶 Ablande el queso y revuélvalo con la crema, la mostaza, sal y pimienta.

🌶 Ponga los coditos en un plato, báñelos con la mezcla anterior y agregue las verduras picadas.

Consomé de borrego

⏳ *1 hora*
6 porciones

De hecho hay dos tipos de consomé de borrego: el que se obtiene directamente de los jugos de la barbacoa* y el que se logra mediante esta receta cuando no se quiere o no se puede recurrir al primero. Los sabores son ligeramente diferentes sin que uno desmerezca del otro.

500 gramos (1 lb) de pierna de borrego en trozos pequeños
500 gramos (1 lb) de costillas de borrego en trozos pequeños
60 gramos (2 oz) de arroz
60 gramos (2 oz) de garbanzos
2 litros (½ gal) de agua
2 papas* chicas
2 zanahorias
1 chile chipotle*
1 rama de epazote*
1 cabeza de ajos
2 cebollas medianas
sal al gusto
1 manojo de cilantro

🌶 Lave la carne. En una olla, ponga el agua, la carne, sal, la cabeza de ajos, una cebolla y los garbanzos. Ponga a cocer durante 40 minutos. Mientras, pele y pique las papas y las zanahorias. También pique la otra cebolla y el cilantro.

🌶 Agregue el arroz y deje hervir cinco minutos más.

🌶 Añada las zanahorias, las papas, el chile y el epazote. Hierva otros 10 minutos.

🌶 En plato hondo sirva un poco del recaudo y unos trozos de carne. Colme el plato con el consomé y agregue cebolla y cilantro picados.

235

Sopas

Consomé de pollo

Por asimilación con el consomé de borrego surgió el de pollo, que pone el acento en una buena concentración de la grasa natural de la carne. Sin embargo, dada su ligereza, en comparación con los de carne roja, se considera especialmente adecuado para los niños y los convalecientes.

2 pescuezos de pollo o 1 alón
1 pechuga de pollo
2 litros de agua (½ gal)
1 trozo de cebolla
2 zanahorias
2 papas*
2 dientes de ajo
2 ramitas de apio
1 rama de cilantro
sal al gusto

🌶 Ponga a cocer la pechuga en una parte del agua, deje enfriar, desmenuce y quite la piel. Reserve el caldo.

🌶 Mientras, pele y corte en cubitos las zanahorias y las papas. Lave los pescuezos o el alón y requeme sobre la flama de una estufa los pellejos y los cañones de las plumas que les hayan quedado.

🌶 En una olla ponga estas piezas, la cebolla, el ajo, el apio y los vegetales con el caldo de la pechuga y el resto del agua y cueza agua a fuego alto hasta que hiervan. Baje la flama y deje hervir por lo menos 20 minutos.

🌶 Añada la sal y la rama de cilantro y cocine otro poco para que sazone

🌶 Sirva en tazones, poniendo en cada uno un puñado de pollo y colmando con caldo. Puede adornar con tiras de tortilla fritas.

Consomé de res

⏳ *1 hora*

6 porciones

A diferencia del de pollo, no tiene su modelo en el consomé de borrego. De hecho, no es otra cosa que el tradicional puchero español que los conquistadores difundieron por todo México, pero mestizado por la presencia de papas y chayotes.

500 gramos (2 lb) de carne de res para caldo
1 hueso poroso
1 trozo de cebolla
2 dientes de ajo
1 ramita de cilantro
4 zanahorias
4 papas*
2 chayotes* pelados y cortados en cuartos
1 ramita de hierbabuena
2 litros (½ gal) de agua
1 pimienta negra
sal al gusto
6 calabacitas*
1 elote partido en seis

☛ Ponga a cocer el hueso y la carne en el agua con la cebolla, los ajos, el cilantro, la pimienta y sal; vaya quitando la espuma con una cuchara. Deje hervir hasta que la carne se suavice.

☛ Mientras, pele y corte en mitades las zanahorias y las papas. Los chayotes, pártalos en cuatro.

☛ Cuando se haya cocido la carne, agregue los vegetales, rectifique la sal y añada la yerbabuena. Cocine otros cinco minutos.

Sopas

Sopa de acelgas

⏳ *30 minutos*
6 porciones

Aunque el consumo de acelga no alcanza grandes volúmenes en México, la variedad lo compensa: con este vegetal se elaboran tamales y pasteles, se guisa con jitomate o con arroz, sus tallos se capean o simplemente se cuece con limón, entre otros diversos modos de cocinarla.

2 tazas de acelgas
60 gramos (2 onzas) de atún enlatado
4 rebanadas de tocino*
1 litro (2 pt) de caldo de pollo
1 jitomate*
¼ de cebolla
1 diente de ajo
sal al gusto
125 mililitros (4 oz) de crema
aceite de maíz o de cártamo

🌶 Muela el jitomate, el ajo y la cebolla. Cuele y fría la salsa en una cacerola hasta que sazone. Añada el caldo de pollo y deje hervir.

🌶 Sofría el tocino y lícuelo con las acelgas, el atún y el caldillo de jitomate.

🌶 Regrese la mezcla a la cacerola y manténgala caliente.

🌶 Sirva decorando con un poco de crema.

Sopa de lentejas

🕰 *1 hora*
6 porciones

Sopa cotidiana entre los habitantes de la región de Tuxtepec, en la cuenca del río Papaloapan, la cual se tornó una importante zona productora de plátano macho* desde mediados del siglo XX, aunque no es raro hallar versiones estilizadas de este plato en restaurantes de postín.

500 gramos (1 lb) de lentejas
1½ litro (3 pt) de agua
2 jitomates*
¼ de cebolla
1 diente de ajo
1 cucharada de aceite de maíz o cártamo
sal
1 plátano macho

🌶 Limpie las lentejas y póngalas a cocer en el agua con sal. Pele el plátano y córtelo en rodajas gruesas.

🌶 Licue el jitomate, la cebolla y el ajo.

🌶 Caliente el aceite en una cacerola, sofría el jitomate y agregue las lentejas cocidas con todo y su caldo.

🌶 Sazone con sal, añada el plátano y deje que suelte el hervor.

Sopas

Sopa de tortilla

El origen de los platos hechos con tortillas frías es simple: el mexicano adora comer las tortillas recién hechas porque recalentadas no tienen, ni de lejos, la misma textura ni el mismo sabor, por lo que ha inventado toda una serie de procedimientos para hacerlas nuevamente gratas al paladar.

8 tortillas frías
1½ litro (3 pt) de caldo de pollo
2 jitomates*
2 dientes de ajo
¼ de cebolla
1 rama de epazote*
1 aguacate* Hass
1 chile pasilla*
queso panela*
chicharrón*
crema
aceite para freír
sal al gusto

🌶 Ase y quite las semillas y las venas* al chile; rebane fino.

🌶 Corte las tortillas en tiras delgadas y fríalas hasta que se doren; apártelas y en el mismo aceite fría el chile. Escurra el exceso de grasa.

🌶 Licue los jitomates junto con los ajos y la cebolla. Cuele la salsa y fríala en una cazuela hasta que sazone.

🌶 Agregue el caldo y el epazote. Tape la cazuela y deje hervir unos minutos. Poco antes de servir incorpore las tortillas fritas.

🌶 Ya en los platos añada, al gusto, chile pasilla frito, rebanadas de aguacate, crema, queso rallado y trozos de chicharrón.

Sopa de chile poblano

⏳ *40 minutos*
6 porciones

La suculencia y la versatilidad de este chile es tal que en años recientes ha empezado a cultivarse en China; no obstante, los estados mexicanos de Guanajuato, Jalisco y, por supuesto, Puebla, siguen siendo los principales productores.

4 chiles poblanos*
1½ litros (3 pt) de caldo de pollo
1 cebolla blanca
3 dientes de ajo
200 gramos (7 oz) de chícharos*
75 gramos (3 oz) de almendras
60 gramos (2 oz) de mantequilla sin sal
crema al gusto
pimienta al gusto
sal al gusto

🌶 Cueza los chícharos y pique la cebolla y el ajo. Pele y pique muy finamente las almendras. Reserve.

🌶 Ase los chiles, sin que se quemen, en un comal y envuélvalos en una servilleta de tela ligeramente húmeda hasta que se les desprenda la piel. (Con este mismo fin algunos cocineros prefieren usar una bolsa de plástico para que los chiles "suden".) Retire con la mano los restos de piel y con una cuchara las semillas y las venas.* Córtelos en pedazos.

🌶 Caliente una cacerola a fuego medio y derrita la mantequilla con el aceite; ponga la cebolla, el ajo y los chiles y saltee hasta que éstos estén suaves. Añada el caldo y los chícharos; sazone con sal y pimienta. Cocine a fuego lento unos 10 minutos y deje enfriar.

🌶 Ponga la sopa en la licuadora, añada las almendras y licue hasta obtener una mezcla de textura ápera. Rectifique la sal y recaliéntela sin que llegue a hervir.

🌶 Sirva en platos hondos y adorne con un chorrito de crema cada uno.

Sopas

Sopa de elote

⏳ *30 minutos*
6 porciones

Centéotl y Chicomecóatl eran los dioses prehispánicos del maíz, pero a ésta también se le invocaba como Xilonen, o joven madre del maíz tierno, protectora del elote, es decir, de la mazorca antes de que madure y cuyos granos tienen una textura suave y acuosa.

400 gramos (14 oz) de granos de elote

2 jitomates*

4 calabacitas*

1½ litros (3 pt) de caldo de pollo

1 trozo de cebolla

1 diente de ajo

1 rama de epazote*

250 gramos (9 oz) de queso fresco

sal al gusto

aceite de maíz o de cártamo

🌿 Corte las calabazas en cubitos y reserve. Licue los jitomates con la cebolla y el ajo. Caliente aceite en una cacerola y fría esta salsa hasta que sazone.

🌿 Agregue el elote y las calabacitas. Fría cinco minutos más.

🌿 Añada el caldo y el epazote. Cuando empiece a hervir, baje la flama a fuego lento y cocine 20 minutos. Añada sal.

🌿 Ralle el queso y preséntelo aparte al servir, para que los comensales lo agreguen al gusto.

Sopa de fideos

El tipo de pasta llamado fideo se conoce desde hace cuatro mil años y es la base para el spaghetti italiano, el soba japonés y muchos otros platillos.

> 200 gramos (7 oz) de fideo cabello de ángel*
> 8 jitomates*
> 1 cebolla mediana
> 3 dientes de ajo
> 2 litros (½ gal) de caldo de pollo
> 1 rama de cilantro fresco
> aceite de maíz o de cártamo
> sal al gusto
>
> ⌛ 30 minutos
> 6 porciones

✒ Ponga abundante aceite en un sartén y sumerja el fideo. Fríalo moviendo con cuidado hasta que esté dorado. Retire y escúrralo muy bien.

✒ Licue los jitomates junto con la cebolla y el ajo. Fría la mezcla y cuando esté bien "chinita", añada el caldo de pollo.

✒ Cuando empiece a hervir, ponga el fideo y el cilantro, y cocine hasta que el fideo esté suave. Si queda espeso agregue más agua o caldo. Puede adornar con crema.

Sopa de papa

Aunque existe evidencia del consumo de papa en México desde 1745, aún era un alimento extravagante pues no se cultivaba en el país. Y aunque hoy es base de muchos platos nacionales, como este ejemplo, nunca ha sido exclusiva de ninguna cocina regional.

> 750 gramos (1 lb 10 oz) de papas* blancas
> rebanadas de tocino*
> 1 jitomate*
> 1 trozo de cebolla.
> 1 diente de ajo
> 1½ litros (3 pt) de caldo de pollo
> aceite de maíz o de cártamo
> sal al gusto
>
> ⌛ 30 minutos
> 6 porciones

✒ Pele las papas y córtelas en cubitos o en palitos. Pique el tocino.

✒ Licue el jitomate con la cebolla, el ajo y poca sal, y fríalo, con poco aceite, en una cacerola, hasta que sazone.

✒ Agregue las papas y el tocino y fría unos minutos más.

✒ Añada el consomé, rectifique la sal y cocine hasta que las papas estén tiernas.

Sopa fría de aguacate

⏳ *20 minutos y una hora posterior*
6 porciones

En el México prehispánico, el aguacate* tenía una fuerte connotación sexual, por lo que a las mujeres les estaba prohibido participar en su recolecta; en efecto, la palabra náhuatl "ahuacatl" significa testículo y hasta la fecha se le atribuyen virtudes afrodisiacas a este fruto.

4 aguacates* Hass
1 litro (¼ gal) de caldo de pollo
1 cebolla blanca chica
3 granos de pimienta
1 diente de ajo
¼ de litro (8½ onzas) de crema
1 manojo de cilantro fresco
4 o 5 hojas de espinaca
2 chiles serranos
sal al gusto
pico de gallo (ver receta) al gusto

🌶 Caliente el caldo en una cacerola con ½ cebolla y la pimienta; hierva a que se consuma un poco, cuélelo y déjelo enfriar.

🌶 Licue perfectamente la pulpa de los aguacates con la mitad del caldo. Vierta en un recipiente y mezcle la otra mitad.

🌶 En el mismo vaso, sin enjuagar, licue la otra mitad de la cebolla, el ajo, la crema, el cilantro, las espinacas, los chiles y sal, hasta obtener una mezcla homogénea.

🌶 Incorpore muy bien ambas mezclas y rectifique la sal. Meta al refrigerador por lo menos una hora antes de servir.

🌶 Sirva en platos hondos y adorne cada uno con pico de gallo.

Sopa de hongos

Alrededor del volcán Ajusco, en el sur del Valle de México, proliferan fondas rústicas con un invariable letrero dirigido a los paseantes: "Hay sopa de hongos", invitación más que tentadora tras pasar un rato en un microclima de temperatura y vegetación parecidos a los del bosque alpino.

1 kilogramo (2 lb) de hongos silvestres o champiñones
1½ litros (3 pt) de caldo de res
1 cebolla blanca
8 dientes de ajo
4 chiles serranos*
3 jitomates* maduros
1 ramita de epazote* fresco
aceite de oliva
aceite de maíz o de cártamo
pimienta al gusto
sal al gusto

✒ Puede rebanar los hongos o dejarlos enteros, a su gusto. Pele los jitomates y píquelos. Pique finamente la cebolla y el ajo. Quite las semillas de los chiles y píquelos muy finamente. Reserve.

✒ Ponga una cacerola u olla gruesa a fuego medio y caliente aceite de maíz o cártamo. Saltee la cebolla hasta que se dore y agregue el ajo y los chiles; saltee un par de minutos más y añada los jitomates. Cocine a fuego lento hasta que estén por deshacerse.

✒ Mientras, caliente a fuego medio-alto dos cucharadas soperas de aceite de oliva en un sartén. Saltee los hongos moviendo para que se empapen parejo del aceite; añada más si es necesario. Sazone con sal y cocine hasta que los hongos suelten líquido.

✒ Vierta los hongos en la cacerola con el jitomate, añada el caldo y el epazote. Revuelva y baje la llama a fuego medio-bajo. Sazone con pimienta y sal, y cocine unos 20 minutos para que se integren bien los sabores. Sirva muy caliente.

Sopa tarasca

⏳ *40 minutos*
6 porciones

Esta sopa es oriunda de la región del lago de Pátzcuaro, Michoacán; sin embargo, en los restaurantes de la zona no se prepara del mismo modo que en los hogares de los lugareños: con una rica base de frijol, que es la versión original.

250 gramos (9 oz) de frijol
2 jitomates*
¾ de litro (1 pt 10 oz) de caldo de pollo
¾ de litro (1 pt 10 oz) de agua
2 trozos de cebolla
2 dientes de ajo
4 tortillas frías
250 gramos (9 oz) de queso fresco*
1 aguacate* Hass chile pasilla* al gusto
sal al gusto
aceite de maíz o de cártamo

🌶 Un día antes, ponga a remojar los frijoles. Al día siguiente póngalos a cocer en el agua con un trozo de cebolla y un diente de ajo. Cuando empiece a hervir el agua, baje la flama a fuego lento, tape y cocine hasta que estén tiernos; el tiempo de cocción varía con la edad de los frijoles. Cuando estén listos, licuelos en su caldo y reserve.

🌶 Ase los chiles en un comal, pélelos y quíteles las semillas y las venas.* Córtelos en tiras (rajas) y reserve.

🌶 Pique un trozo de cebolla y un diente de ajo. Ase los jitomates en un comal y pélelos. Muélalos con la cebolla y el ajo en un mortero o, si es posible, en un molcajete.* Ponga a calentar aceite en una cacerola y fría esta salsa hasta que sazone. Agregue los frijoles licuados, la sal y deje hervir unos minutos a fuego lento.

🌶 Corte las tortillas en tiras de un 1 cm (1/2 pulgada) de ancho. Ponga aceite en un sartén y fríalas hasta que doren y escúrralas. En la misma grasa fría las rajas de chile y escúrralas. Corte el aguacate en cubitos y ralle el queso.

🌶 En platos hondos ponga puñados de tortilla y chiles, vierta el caldo caliente encima y adorne con el queso y el aguacate.

Cuadro de equivalencias

Nombre en español mexicano	Sinónimos en otros países hispanos	Inglés
Achiote	Urucú, bija, bijol, roncon, onoto	Achiote, anatto
Aguacate	Palta, cura, petro, abacate	Avocado, alligator pear, pear-shaped emerald
Ajonjolí	Sésamo	Sesame
Cacahuate	Cacahuete, maní, panchito	Peanut
Camarón	Gamba, langostino	Prawn, shrimp
Catsup	ketchup	
Ceviche	Cebiche, Seviche, Sebiche	***
Chile	Ají, pimentón, guindilla	Chili
Chícharo	Guisante	Pea
Chicharrón	***	Pork rind
Chocolate	Cocoa	Chocolate
Elote	Choclo	Tender corncob
Epazote	Pazote	Mexican tea
Frijol	Poroto, habichuela, alubia, judía	Bean
Jamón	Jamón dulce	Jam
Jitomate	Tomate	Tomatoe
Jícama	Yacon, xlcama o nabo mexicano	***
Mango petacón	Mango paraíso	***
Mantequilla	Manteca, margarina	butter
Huachinango	Besugo, cojinova rosada, pargo de altura, pargo lunarejo o pargueta	Red sea bream, bream, sea bream
Orégano	Mejorana picante	Oregano
Ostión	Ostrón	Eastern oyster, American oyster, Atlantic oyster o Virginia oyster (*Crassostrea virginica*); Pacific oyster o Japanese oyster (*Crassostrea gigas*)
Papa	Patata	Potatoe
Pepino	Calabacín, melón de pepino,	Cucumber
Piña	Ananas	Pineapple
Plátano macho	Plátano, plátano verde, banana	Plantain
Plátano Tabasco	Banana, banano, cambur o guineo, maduro, plátano de seda	Banana
Refrigerador	Heladera, nevera, frízer	Freezer
Tocino	Beicon	Bacon

Glosario

Acitrón. Dulce elaborado con el corazón de la biznaga, un tipo de cacto, que se hierve en su propia azúcar y se parte en trozos. Se suele usar para dar cierto dulzor a platillos salados. En México nunca significa sidra confitada.

Acitronar. Freír cebolla, ajo u otro ingrediente a fuego medio o bajo hasta que se vuelva translúcido.

Achiote. Condimento de característico color rojo ladrillo, preparado con el fruto del árbol del achiote (*Bixa orellana*), oriundo del trópico americano. Los mayas fueron los primeros en aprovecharlo como tinte y como alimento. Actualmente se usa como colorante industrial para alimentos, pero también se comercializa, en polvo o pasta, para cocinar, incluso por Internet.

Acuyo (u hoja santa). Yerba aromática de sabor parecido al anís que sirve para condimentar diversos platillos, en especial tamales. Su nombre botánico es *Piper auritum* o *Piper sanctum*.

Aguacate. Fruto de la *Persea americana*, de cáscara verde oscuro y pulpa verde claro de consistencia cremosa, y una nuez grande y redonda que los mexicanos llaman "hueso". La variedad Hass, de cáscara más dura y rugosa, ha desplazado a la original porque rinde mucho más pulpa y se conserva mejor.

Aguayón. Corte de lomo de la vaca que se distingue por su consistencia maciza y su bajo contenido de grasa.

Ancho, chile. Nombre que se le da al chile poblano seco.

Árbol, chile de. Fresco o seco se llama igual, pero cuando está tierno es verde y rojo cuando madura. Es de forma alargada, delgada, puntiaguda y ligeramente curva, por lo que algunos le llaman cola de rata, y, como es muy picante, hay quienes prefieren llamarle chile bravo. Pese a su nombre, no crece en árboles.

Ayocote. Variedad de frijol que se distingue por su gran tamaño y su color, que varía desde casi negro hasta morado pálido; es exclusiva de México y el sur de EU. Su nombre científico es *Phaseolus coccineus* y en inglés se le llama scarlet runnerbean.

Baño María. Procedimiento de cocción que consiste en poner alimentos en un recipiente que, a su vez, se sumerge en otro con agua hirviendo a fuego lento.

Barbacoa. Procedimiento de cocción de carnes, de origen prehispánico, que consiste en abrir un agujero en tierra, en cuyo fondo se ponen brasas y piedras calientes y sobre ellas la carne envuelta en pencas de maguey u hojas de plátano, tapado todo con la misma tierra. También se le llama así a la carne cocida con este sistema o de modo similar.

Bistec. Filete de carne de res o cerdo muy delgado que generalmente se come frito o asado, aunque su nombre proviene de beefsteak no se parece a ningún filete de esa clase (steak), los cuales reciben el nombre de "cortes finos".

Bolillo. Pan blanco de harina de trigo y sal, elaborado en piezas de 60 a 65 gramos (2 oz) y de unos 15 cm (6 pulgadas) con forma de huso o bolillo, de donde toma el nombre. Es, junto con la tortilla, el acompañante indispensable de cualquier comida en las mesas mexicanas

Calabacita. Variedad de la *Cucurbita máxima* oriunda de México, cuyo fruto es casi siempre alargado de entre 10 y 15 cm (4 a 6 pulgadas) de longitud, de consistencia suave, piel verde listada y pulpa blanco-amarillenta. No confundir con el calabacín.

California o Anaheim, chile. Producto fresco parecido a la chilaca, pero más aromático y más carnoso. Su color es verde limón intenso.

Cazón. Cierta clase de tiburón de tamaño pequeño, cuya carne es muy apreciada fresca o seca. De esta última forma se suele usar para sustituir al bacalao.

Chayote. Fruto de la planta del mismo nombre, de la familia de las calabazas, oriunda de las regiones tropicales de México. De diferentes tonos de verde, según la variedad, en la cáscara y la pulpa, ésta es tierna y aguañosa. La cáscara a veces tiene espinas y la nuez también es tierna y comestible. Se cocina como legumbre.

Chicharrón. Fritura preparada con la piel del cerdo. Bañada en grasa a muy alta temperatura y secada al aire, queda crocante de un lado y con una ligera capa grasosa del otro.

Chilaca. Chile fresco que cuando se seca pasa a llamarse pasilla. Su nombre viene de chilli (chile) y acatl (caña), debido a que es largo y delgado y ondulado. Llega a medir hasta 30 cm (1 pie) en forma de semicírculo. Es de color verde obscuro cuando está tierno, pero adquiere un tono café oscuro al madurar, y adquiere varios nombres adicionales como negro, prieto o chile para deshebrar. Es medianamente picante.

Chile. Uno de los tres ingredientes fundamentales de la comida mexicana (los otros son el maíz y el frijol). Frutos de una gran variedad de plantas a las que se les da el mismo nombre, casi todas del género *Capsicum*, y que tienen en común su sabor picante en diversos grados, debido a la presencia de la capsicina y al ácido decilénico que son alcaloides que se concentran en las semillas y las venas.* Sin embargo, para fines gastronómicos su sabor puede ser muy diferente, por lo que al chile se le da un segundo nombre si se quiere especificar de qué variedad se trata, por ejemplo: chile serrano o chile cuaresmeño. Además, se puede consumir fresco, seco o en alguna clase de conserva, lo que hace variar tanto su sabor como su color, y su nombre. Para las modalidades mencionadas en esta obra, buscar el segundo nombre en el glosario. En general, cuando manipule chiles evite tocarse los ojos y otras partes sensibles para evitar el ardor que le producirán; no es peligroso, pero puede ser bastante doloroso; es recomendable que la personas de piel muy sensible usen guantes de hule.

Chipotle, chile. Nombre del chile cuaresmeño seco y ahumado, de color cafè, aunque es más frecuente que se venda en alguna clase de adobo o escabeche. En esta presentación adquiere un acusado color vino oscuro.

Comal. Originalmente era el nombre del disco de barro que servía para hacer tortillas, tostar café o cacao, y asar chiles y jitomates.* En la actualidad son de metal y se fabrican con otras formas además de la circular. La plancha de la estufa puede sustituirlo realtivamente bien.

Cuaresmeño, chile. Chile fresco muy carnoso, casi siempre de color verde oscuro, aunque algunos ejemplares pueden ser rojos o, incluso, bicolores; de unos 10 cm (4 pulgadas) de longitud. Se le llama jalapeño con más frecuencia, debido a que la ciudad de Jalapa fue un importante punto de comercialización, pero en el contexto de esta obra se usará siempre el primer nombre para distinguir el producto fresco de la presentación en encurtido, en que también se llaman jalapeños.

Cuete. Corte del muslo de la vaca que se distingue por su dureza; además del clásico cuete mechado, puede usarse en recetas que piden deshebrar la carne.

Ejote. Vaina del frijol, cuando el grano aun está verde y tierno; de esta forma se consume como legumbre.

Elote. La mazorca del maíz cuando todavía está tierno; entonces su granos son de textura suave y jugosa comparables a una legumbre, y se aprovechan como tal.

Epazote. Planta prehispánica cuyo nombre quiere decir "planta del zorrillo" y que se usa en la cocina mexicana de manera similar al cilantro o el perejil para condimentar con su fuerte sabor salsas y caldos, en especial los frijoles de la olla (ver receta).

Falda. Corte de los cuartos traseros de la vaca de fibras muy abiertas, por lo que se utiliza especialmente para recetas que piden deshebrar la carne.

Fideo cabello de ángel. Los fideos son un tipo de pasta con forma de cuerdas finas con los que se hace el famoso spaghetti. La variedad cabello de ángel es mucho más fina y más fácil de cocinar.

Guajillo, chile. Nombre del chile puya cuando está seco, de color guinda y piel lisa y frágil. Mide unos 13 cm de longitud.

Güero, chile. Producto fresco llamado así por su color amarillo, lo que quiere decir que es rubio, aunque a veces es verde claro. Aromático, a veces se rellena o se consume encurtido. También se le conoce como caloro y caribe.

Habanero, chile. El más picante de los chiles que se cultivan en México. Tiene forma de un pequeño trompo redondo que varía de 2 a 6 cm (1 a 2 pulgadas). Es de color verde claro cuando está tierno y de tonos salmón, rojo, café, amarillo o naranja al madurar. Pero no es originario de México, sino de Brasil, aunque se cultiva regularmente en el Sureste.

Hierbas de olor. Ramitos compuestos, básicamente, de laurel, mejorana y tomillo secos, que se usan muy frecuentemente en la cocina mexicana para condimentar todo tipo de guisos. Son similares al bouquet garni de la cocina francesa, pero menos parecidas a las fines herbes.

Hoja de elote. También llamadas hoja de milpa, son las que envuelven a la mazorca de maíz. Tras la cosecha, las hojas de conservan para destinarlas a la elaboración de tamales, ya que se cuecen dentro de ellas. Pueden adquirirse mucho después de ser arrancadas si se tiene acceso a un comercio especializado.

Hoja de plátano. Las enormes hojas del platanero o bananero también se usan para tamales, pero además para muchos otros guisos, como los mixiotes y la barbacoa. Al igual que las hojas de elote, no son rápidamente perecederas.

Huauzontle. Nombre que se le da a un grupo de plantas del género *Chenopodium* estrechamente emparentadas que se cultivaba en la época prehispánica. Su color puede ir del rojo al verde pasando por la gama intermedia. Tiene un tallo largo y correoso que se bifurca varias veces, dando la impresión de ser una espiga. De hecho, es más nutritivo que muchos cereales y su sabor, ligeramente amargo, es gratamente exótico.

Jalapeño, chile. Chile cuaresmeño en encurtido; adquiere un color verde olivo. También se llama así cuando está fresco, pero en el contexto de esta obra se reservó para esta presentación, para diferenciar y porque ya encurtido nadie le llama cuaresmeño.

Jícama. Tubérculo de la planta del mismo nombre (del nahuatl xicamatl). Por su color y su forma recuerda un enorme nabo redondo, pero su consistencia es firme y aguañosa al mismo tiempo. Su sabor es fresco y ligeramente dulce. Se le rebana y se come crudo con chile en polvo y limón, pero también se usa para diversos guisos. Es originario de México, pero ha sido llevado hasta China.

Maciza. Término que sirve para designar la carne de res o de puerco de consistencia firme, sin hueso, con poca grasa y sin pellejo. Es requisito para ciertos platos.

Maicena. Harina fina de maíz o almidón de maíz. Se comercializa en todo el mundo bajo una sola marca.

Maíz pozolero. También llamado cacahuazintle, es el maíz procesado especialmente para preparar las diferentes clases de pozole. Para ello, el grano seco se hierve con agua y cal (hidróxido de calcio) en polvo hasta reblandecerlo; no es comestible aún de esta forma. Se vende a granel y envasado, pero es más sabroso el primero.

Manteca. Siempre, grasa obtenida del cerdo, a menos que especifique otra cosa; nunca es sinónimo del derivado de la leche, que los mexicanos llaman invariablemente mantequilla o, cuando es una imitación vegetal, margarina.

Metate. Instrumento semejante a una pequeña mesa de piedra de tres patas, cuya superficie en declive permite escurrir la molienda. Sirve para moler maíz, chile, grano de café, los ingredientes del mole u otras cosas. Para moler pepita de calabaza o cacao se prende fuego debajo a fin de que se desprenda la grasa con mayor facilidad.

Molinillo. Pieza de madera de aproximadamente 35 centímetros de largo (poco más de un pie), con un mango y un cilindro grueso en uno de sus extremos dotado de anillos sueltos también de madera. que se usa para batir chocolate y atoles y hacer que espumeen. El cilindro se introduce en el líquido y el mango se rueda vigorosamente entre las palmas de las manos hasta lograr el efecto deseado. Puede adquirirlo en Internet o tratar de sustituirlo con un batidor de manivela o la batidora eléctrica.

Molcajete. Mortero de piedra volcánica rugosa típico de la cocina tradicional mexicana; proporciona un molido característico difícil de igualar de otro modo. Su diámetro puede ir de unos cuantos centímetros a más de medio metro. Es posible comprarlo por Internet.

Morita, chile. Chile seco a partir de una variante más pequeña del cuaresmeño, por lo que se le podría considerar lo mismo, aunque difiere un poco en sabor. Además, existe un tipo llamado morita americano, oriundo de Estados Unidos, que sí tiene un gusto completamente diferente. No lo use para recetas de comida mexicana.

Mulato, chile. Fresco se llama igual y pasa del verde oscuro al café, seco, se vuelve casi negro y parecido al chile ancho. Para cocinar se usa seco, a menos que se indique lo contrario.

Nopal. Cacto de la familia *Opuntia*, que crece en Mesoamérica con clodadios (especie de hojas carnosas) espinosos de forma ovalada de entre 15 y 25 cm (seis y diez pulgadas) de longitud. Estos clodadios se aprovechan para elaborar diversos platillos con el cariñoso diminutivo de nopalitos. Su savia, aunque babosa, ha mostrado tener virtudes para el control de la diabetes y el sobrepeso.

Ostión. Molusco muy parecido a la ostra, pero de mayor tamaño y concha mucho más irregular. El ostión (*Crassostrea spp,*) y la ostra (*Ostrea spp*) son dos géneros distintos y un mexicano jamás los confundiría, pero en la mayoría de países de habla hispana se llama ostra tanto al ostión como a la ostra propiamente dicha, sin distinguirlos. Las especies más importantes de ostión mexicano son *Crassostrea virginica* y *Crassostrea gigas*.

Pasilla, chile. Forma seca de la chilaca, de color uva-negro, de unos 13 cm (5 pulgadas) de largo y piel arrugada.

Pencas de maguey. Hojas de las plantas de la familia *Agavaceae*, que se distinguen precisamente porque forman una gran roseta de hojas gruesas y carnosas, generalmente terminadas en una afilada aguja y a menudo también con bordes espinosos. Dichas plantas se llaman magueyes o agaves y sus hojas, pencas. Sus dos variedades más famosas son las que producen tequila y pulque, respectivamente, y las pencas del segundo son las más usuales para cocinar.

Piquín, chile. Es el más pequeño y el más picante de todos los chiles nativos de México. Se presenta en dos formas, una redonda, llamada chiltepín, que es la más picante y otra más alargada, menos picante. Se puede encontrar fresco, cuando es verde, pero se consume más bien seco y molido, ya de color rojo. Este chile es el ancestro de la especie *Capiscum annum*, es decir, padre de la gran mayoría de los chiles que existen en el mundo, incluyendo la paprika. No se cultiva sino que se recolecta, ya que no se ha logrado domesticar y sigue siendo silvestre; afortunadamente crece en abundancia a lo largo de las dos costas mexicanas.

Piloncillo. Azúcar oscura sin refinar con una importante proporción de melaza, que para su venta se moldea en conos duros o, a veces, en panes. También se le da el nombre de "panocha". Es posible, aunque no recomendable, sustituirlo con azúcar mascabado.

Plátano macho. Variedad del plátano de tamaño mayor que el Tabasco, piel más gruesa y color amarillo oro por dentro y cáscara manchada de negro cuando madura. Su nombre botánico es: *macho AAB Plantain*. Se come cocido, horneado, asado y frito, ya sea en platos salados o en postres.

Plátano Tabasco. Nombre que se le da en México al plátano de consumo más común en América del Norte y Europa, de color amarillo pálido, alrededor de 20 cm (ocho pulgadas) de largo y que se come crudo, ya solo o en postres. El nombre que le han asignado los botánicos es *enano gigante Cavendish AAA*, pero los mexicanos le llaman así por que su cultivo se introdujo a finales del siglo XIX, desde Honduras, a través del estado de Tabasco.

Poblano, chile. Chile fresco de color verde oscuro, de unos 15 cm (seis pulgadas) de largo y forma parecida al pimiento. Se usa para los chiles rellenos, los chiles en nogada y para la mayoría de platillos con rajas.

Queso amarillo. Resultado de la mezcla industrial de quesos madurados fundidos, a los que se les agregan colorantes y especias. Apariencia tersa y brillante, color amarillo intenso, consistencia flexible. Se vende en rebanadas cuadradas.

Queso añejo. Otro nombre del queso Cotija porque se acostumbra añejarlo mientras está a la venta.

Queso blanco. De pasta fresca y blanda, prensado, sabor suave, se desmorona fácilmente entre las manos.

Sin embargo, expuesto a la cocción no se deshace. Es elaborado con leche descremada de vaca.

Queso panela. Variedad artesanal del queso blanco, llamada así porque se usan como moldes, cestos o canastos de mimbre, palma o carrizo que dejan su marca en el producto.

Queso Chihuahua. También conocido como queso menonita, es un queso madurado, es de los pocos en México cuyo color es amarillo y no blanco. De propiedades parecidas al manchego, se utiliza ampliamente para ser cocinado a la parrilla.

Queso crema. Se llaman así todo los quesos blancos para untar. Algunos se condimentan con ajo, hierbas finas y otros sabores. Pueden ser semigraso, grasos o extragrasos.

Queso Cotija, Propio de Jalisco y Michoacán, su pasta es de semidura a dura, pero deleznable, con maduración mayor a tres meses. De color blanco viejo, se vende a granel, es decir se cortan trozos de una pieza muy grande, es de los pocos quesos mexicanos de sabor y olor fuertes, muy salado.

Queso fresco. De apariencia blanca y esponjosa, se caracteriza por su elevado contenido de humedad, sabor suave y un periodo de vida de anaquel corto, por lo que debe estar refrigerado, Se utiliza para ser espolvoreado sobre platillos tales como enchiladas o ensaladas de nopales.

Queso. manchego. Imitación del auténtico manchego,

su pasta es prensada no cocida, color amarillento; generalmente se vende en piezas cilíndricas y planas. Se usa gratinado, en rebanadas o en cubitos,

Queso Oaxaca. Originario de Oaxaca, de pasta hilada que forma una bola o madeja, consistencia cremosa al paladar; es el favorito para deshebrar y gratinar. Esencial para las quesadillas.

Queso panela. Es de consistencia sólida, color blanco suave aroma, sabor ligeramente salado y tiene un alto contenido en agua. Se elabora con leche de vaca, cabra o borrega. Tampoco se derrite ante el calor.

Queso ranchero. de pasta blanda, molido y a veces prensado, lo mezclan con chile lo que le da una coloración roja desvaída. Tiene distintas presentaciones.

Requesón. Es grumoso y con sabor a crema. De leche de vaca o de cabra, puede ser extragraso, graso, semigraso, semidescremado o descremado. Su textura es parecida a la de la masa de maíz, pero no tan homogénea como para untarse bien.

Sazonar. Dentro de la acepción autorizada de "dar sazón (sabor) a la comida", en las recetas mexicanas quiere decir: 1) cocinar el jitomate o tomate verde hasta que se haya cocido; 2) lograr la integración de los sabores en una mezcla de ingredientes para que el paladar los perciba como un todo y no cada uno aparte; 3) añadir el sabor de un condimento u otra sustancia a un plato; como el epazote en los frijoles o

el aceite de oliva en una ensalada, 4) poner sal.

Serrano, chile. Es el chile nacional por excelencia. Es el prototipo de la imagen del chile: forma cónica alargada, recta y lisa, color verde obscuro, paredes gruesas y firmes, y mucha semilla y placenta en relación con su tamaño. Es picante de sabor refrescante y se consume principalmente como chile fresco, ya sea cocinado o crudo. Es más frecuente que sea llamado chile verde, sin ninguna confusión respecto a los demás chiles de color verde o a su estado de maduración, pero para esta obra se eligió usar el primer nombre por razones de claridad.

Tostadas. En cocina, los mexicanos usan esta palabra exclusivamente para referirse a una tortilla dorada en aceite que queda rígida, crujiente y quebradiza, o a un producto industrial similar. Se pueden hacer tostadas en casa siguiendo la receta de los totopos contenida en este libro, pero con la tortilla entera, o se pueden adquirir las elaboradas comercialmente, hechas de modo que la masa de maíz se convierte en tostada directamente sin pasar por el estado de tortilla.

Tomate verde. Fruto de la planta del mismo nombre (*Physalis ixocarpa* o *Physalis philadelphica*), es una esfera verde o violácea de unos 5 cm de diámetro (2 pulgadas), envuelta por una membrana parecida a tela o papel de color marrón que se rompe al madurar. De consistencia firme y jugosa, y piel lisa, es fundamental para guisos y salsas. Es importante no confundir con

el jitomate inmaduro, que también es verde, pues hay riesgo de intoxicación. Es el auténtico propietario del término tomate (del náhuatl tomātl), mientras que el verdadero nombre del fruto más grande y rojo es jitomate. (del náhuatl xictli, ombligo y tomātl, tomate, tomate de ombligo). La distinción es esencial para la comida mexicana.

Vena. Ramificaciones del tallo de la planta del chile que corren por dentro de las paredes del fruto, de un color un poco más claro, y de las cuales penden las semillas. Se le llama así por su parecido el sistema circulatorio animal. Se suelen eliminar cuando se quiere suavizar el picor del chile, ya que contienen una buena parte de la sustancia que lo produce; a esta acción se le denomina "desvenar".

¿Dónde comprar?

ALABAMA

Mexicana Grocery Store, La
211 MILDRED ST
BREWTON, AL
36426-2106
Phone: 251-809-0717

Mexicana Mexican Grocery, La
3065 LORNA RD
BIRMINGHAM, AL
35216-4515
Phone: 205-823-7741

Mexicana Mexican Grocery, La
1633 MONTGOMERY HWY
BIRMINGHAM, AL
35216-4916
Phone: 205-823-8308

ARIZONA

Azteca Mexican Imports
1111 S KOLB RD
TUCSON, AZ
85710-4945
Phone: 520-290-0024

Guapo Spices and Mexican Candies, El
5801 S 24TH ST
PHOENIX, AZ
85040-3602
Phone: 602-276-0333

Raliberto's Mexican Food
4001 E INDIAN SCHOOL RD
PHOENIX, AZ
85018-5219
Phone: 602-954-2343

Ranchito Mexican Bakery, El
534 E WESTERN AVE
AVONDALE, AZ
85323-2422
Phone: 623-925-2906

ARKANSAS

Mexicana Mexican Products, La
2901 E RACE AVE
SEARCY, AR
72143-4805
Phone: 501-368-0022

Mexicana Mexican Products, La
516 N LAKESIDE DR
DE QUEEN, AR
71832-2619
Phone: 870-584-3105

Paulita Mexican Store
109 S LAKESIDE CIR
DE QUEEN, AR
71832-3342
Phone: 870-642-6714

Sarita's Mexican Store
129 FOWLER ST
GENTRY, AR
72734-9661
Phone: 479-736-1530

CALIFORNIA

Alba's Mexican Products
880 E ALISAL ST
SALINAS, CA
93905-2606
Phone: 831-759-0503

Alba's Mexican Products
909 HARKINS RD
SALINAS, CA
93901-4500
Phone: 831-771-0815

Anita's Mexican Food Co.
1390 W 4TH ST
SAN BERNARDINO, CA
92411-2607
Phone: 909-884-8706

Azteca Mexican Market
11277 CAMINO RUIZ
SAN DIEGO, CA
92126-4601
Phone: 858-547-9930

Blanca's Mexican Market
6328 BRISTOL RD
VENTURA, CA
93003-6710
Phone: 805-654-1306

California Mexican Foods, Inc.
1450 STELLAR DR
OXNARD, CA
93033-2413
Phone: 805-486-2926

Campo Mexican Food, Del
1847 RUMRILL BLVD
SAN PABLO, CA
94806-4308
Phone: 510-231-8947

Carrillo's Mexican Deli
19744 SHERMAN WAY
WINNETKA, CA
91306-3602
Phone: 818-887-6118

Chiquita Mexican Market, La
828 JUAREZ ST
NAPA, CA
94559-2737
Phone: 707-257-3028

Diana's Mexican Food Products Inc.
4114 SLAUSON AVE
MAYWOOD, CA
90270-2834
Phone: 323-560-3948

Dominguez Mexican Bakery
2951 24TH ST
SAN FRANCISCO, CA
94110-4133
Phone: 415-821-1717

Don Juan Mexican Products
1731 CROWS LANDING RD
MODESTO, CA
95358-5608
Phone: 209-538-0817

Esperanza Mexican Food Products, La
5028 FRANKLIN BLVD

SACRAMENTO, CA
95820-4732
Phone: 916-456-0631

Fuente Mexican Bakery, La
3990 N SIERRA WAY
SAN BERNARDINO, CA
92405-2385
Phone: 909-882-4015

Graciana Mexican Deli
2006 GLENOAKS BLVD
SAN FERNANDO, CA
91340-1625
Phone: 818-365-0635

Hilda's Mexican Bakery
3713 UNIVERSITY AVE
SAN DIEGO, CA
92105-1321
Phone: 619-280-5336

Iñiguez Bakery and Mexican Deli
740 W I ST
LOS BANOS, CA
93635-3421
Phone: 209-826-0111

Jalapeños Mexican Deli
625 OLD MAMMOTH RD
MAMMOTH LAKES, CA
93546
Phone: 760-924-3934

Jose's Mexican Food
309 RIANDA ST
SALINAS, CA
93901-3726
Phone: 831-754-3615

Martinez Mexican Store
909 HARKINS RD
SALINAS, CA
93901-4500
Phone: 831-771-0815

Mary's Mexican Food
320 S RIVERSIDE AVE
RIALTO, CA
92376-6501
Phone: 909-877-5434

Mendez Mexican Products
456 N A ST
OXNARD, CA
93030-4931
Phone: 805-247-1019

Metate Mexican Food Products, El
838 E 1ST ST
SANTA ANA, CA
92701-5321
Phone: 714-542-3913

Mexicana Mexican Store, La
106 MAIN ST
WINTERS, CA
95694-1931
Phone: 530-795-0338

Molino Market and Mexican Delicatessen
1573 W ADAMS BLVD
LOS ANGELES, CA
90007-1514
Phone: 323-733-8045

Morena Wholesale Mexican Food, La
716 L ST
SANGER, CA
93657-2501
Phone: 559-875-5900

Nueva Fonda Mexican Food Products, La
96 W HENDERSON AVE
PORTERVILLE, CA
93257-1758
Phone: 559-784-1433

Ochoa's Mexican Bakery
10330 ARLINGTON AVE
RIVERSIDE, CA
92505-1123
Phone: 951-359-8128

Ramona's Mexican Food Products Inc.
13633 S WESTERN AVE
GARDENA, CA
90249-2503
Phone: 323-321-6041

Reynaldo's Mexican Food Company
2520 MAIN ST STE 23126
CHULA VISTA, CA
91911-4624
Phone: 619-423-9114

Silas Mexican Food Products
129 E G ST
WILMINGTON, CA
90744-5819
Phone: 310-830-6731

Tepeyac Mexican Bakery, El
5591 E GRIFFITH WAY
FRESNO, CA
93727-7525
Phone: 559-292-6242

Tiendita Mexican Market, La
3851 CLAIREMONT MESA BLVD
SAN DIEGO, CA
92117-2713
Phone: 858-270-2221

Toledo's Mexican Market
1341 FULTON AVE
SACRAMENTO, CA
95825-3603
Phone: 916-979-9227

Única Mexican Food and Bakery, La
505 OLD TELEGRAPH RD
FILLMORE, CA
93015-1221
Phone: 805-524-1602

Victoria Mexican Bakery and Grocery, La
2937 24TH ST
SAN FRANCISCO, CA
94110-4126
Phone: 415-642-7120

Yomex Mexican Food
1339 I ST
REEDLEY, CA
93654-3317
Phone: 559-643-0022

Zala Mexican Food
3959 LOCKRIDGE ST
SAN DIEGO, CA
92102-4507
Phone: 619-262-1100

Zamora Mexican Food Products
15378 PROCTOR AVE
CITY OF INDUSTRY, CA
91745-1020
Phone: 626-333-5030

CAROLINA DEL NORTE

Arcoiris Mexican Store
5111 W GREAT MARSH CHURCH RD
SHANNON, NC
28386-6171
Phone: 910-359-0036

Cancun Mexican Store
705 N BROAD ST
BREVARD, NC
28712-3101
Phone: 828-862-3300

Dos Hermanos Mexican Store
3021 ROCKY BRANCH RD
HAMPTONVILLE, NC
27020-8381
Phone: 336-468-6700

José Jr. Mexican Store
407 W ROSEMARY ST
CHAPEL HILL, NC
27516-2307
Phone: 919-968-0133

Marcelina's Mexican Food
104 W MAIN ST
PIKEVILLE, NC
27863-9504
Phone: 919-242-8002

Mexican Store
19400 STATESVILLE RD
CORNELIUS, NC
28031-8521
Phone: 704-655-8404

O Mexican Market, La
2105 ACME RD
BELMONT, NC
28012-5119
Phone: 704-820-0045

Pequeña Mexican Store, La
923 S MAIN ST
KANNAPOLIS, NC
28081-5413
Phone: 704-932-6600

San Lucas Mexican Bakery and Grocery
500 RUTHERFORD RD
MARION, NC
28752-4828
Phone: 828-659-8313

San Miguel Mexican Store
216 S POLLOCK ST
SELMA, NC
27576-3024
Phone: 919-975-0003

Tovar Mexican Product Store
5900 CASTLE HAYNE RD
CASTLE HAYNE, NC
28429-5114
Phone: 910-602-7122

CAROLINA DEL SUR

Mexicali Mexican Grocery
1927 WHISKEY RD
AIKEN, SC
29803-7603
Phone: 803-649-0801

COLORADO

Alamo Mexican Bakery, El
3165 W 38TH AVE
DENVER, CO
80211-2003
Phone: 303-477-8114

Buena Ventura Mexican Imports
1200 E EVANS AVE
PUEBLO, CO
81004-2905
Phone: 719-545-8228

Castañeda's Mexican Market LLC
774 HIGHWAY 133
CARBONDALE, CO
81623-2512
Phone: 970-963-9415

Colorado Mexican Food Products
210 DENARGO MARKET
DENVER, CO
80216-5032
Phone: 303-298-9125
Fax: 303-298-0809

Rosales Mexican Bakery
2636 W 32ND AVE
DENVER, CO
80211-3302
Phone: 303-458-8420

CONNECTICUT

Chiqui's Mexican Grocery
249 W MAIN ST
MERIDEN, CT
06451-4029
Phone: 203-634-1918

Giselle's Mexican Grocery Store
181 WEST ST
BRISTOL, CT
06010-5745
Phone: 860-589-0139

Karina's Mexican Grocery
77 PEARL ST
ENFIELD, CT
06082-3549
Phone: 860-741-9003

Norte Mexican Products, Del
3476 MAIN ST
HARTFORD, CT
06120-1138
Phone: 860-241-8826
Fax: 860-882-1697

San Juanito Mexican Store
35 N COLONY ST
WALLINGFORD, CT
06492-3600
Phone: 203-269-5509

DELAWARE

Charro Mexican Store, El
19 GEORGETOWN PLZ
GEORGETOWN, DE
19947-2300

Phone: 302-856-6617

Chiquita Mexican Restaurant and Grocery, La
1509 N DUPONT HWY
NEW CASTLE, DE
19720-1965
Phone: 302-322-1110

Mi Ranchito Mexican Food Market
13 N CHAPEL ST
NEWARK, DE
19711-2211
Phone: 302-894-0322

Ruby's Mexican Store
1236 CAPITOL TRL
NEWARK, DE
19711-3924
Phone: 302-292-8323

FLORIDA

Azteca Mexican Food
901601 STATE ROAD 846
CLEWISTON, FL
33440
Phone: 863-983-4008

Azteca Mexican Store
681 W COWBOY WAY
LABELLE, FL
33935-4092
Phone: 863-675-1322

Azteca Mexican Store
102 ANGLE RD
FORT PIERCE, FL
34947-3342
Phone: 772-466-6547

Fé Mexican Bakery, La
117 US HIGHWAY 17 92 N
HAINES CITY, FL
33844-4813
Phone: 863-421-7621

Fiesta Mexican Food Inc., La
10 W HICKPOOCHEE AVE
LABELLE, FL
33935-4749
Phone: 863-674-1103

Hand L Mexican American Store
4514 CORONET RD
PLANT CITY, FL
33566-4158
Phone: 813-759-0818

Irene's Mexican Store
11743 FRONTAGE RD
DADE CITY, FL
33525-6024
Phone: 352-518-9313

Milagro Mexican Store, El
4445 E BAY DR
CLEARWATER, FL
33764-6873
Phone: 727-531-0747

Mi Tierra Mexican Grocery
5761 BENEY RD
JACKSONVILLE, FL
32207-7476
Phone: 904-636-0703

Netros Mexican Market
763 HARBOR BLVD
DESTIN, FL
32541-2594
Phone: 850-650-3001

GEORGIA

Aguilera's Mexican Store
320 ATLANTA RD
CUMMING, GA
30040-2680
Phone: 770-781-5915

Arcoiris Mexican Food Market, El
276 E CROGAN ST
LAWRENCEVILLE, GA
30045-5002
Phone: 770-963-2335

Carniceria Loa
801 E WALNUT AVE
DALTON, GA
30721-9502
Phone: 706-260-2535
Fax: 706-279-3816

Flor de Jalisco Mexican Store, La
425 ATLANTA HWY
GAINESVILLE, GA
30501-6350
Phone: 770-538-0204

Gonzáles Mexican Products
RR 3 BOX 557 557
GLENNVILLE, GA
30427-9232
Phone: 912-654-2929

Guanajuato Mexican Store
444 GLORIA JEAN RD
REIDSVILLE, GA
30453-6310
Phone: 912-557-4307

Marin's Mexican Food Store
346 N EXPRESSWAY
GRIFFIN, GA
30223-2017
Phone: 770-467-6430

Martinez Mexican Store
507 N EXPRESSWAY
GRIFFIN, GA
30223-2073
Phone: 678-688-1543

Mercadito Mexican Grocery Store, El
2556 JEREMIAH INDUSTRIAL WAY SW
CONYERS, GA
30012-4970
Phone: 770-483-0040

Mi Pueblito Mexican Grocery Store
106 HARLEM GROVETOWN RD
GROVETOWN, GA
30813-2645
Phone: 706-863-2008

Ortega Mexican Food Store
190 DOGWOOD DR
LAKE PARK, GA
31636-5540
Phone: 229-559-0235

Red Peppers Mexican Cuisine and Market
4439 S MAIN ST
ACWORTH, GA
30101-5527
Phone: 770-529-3636

Rigo's Mexican Market
1022 WINDY HILL RD SE
SMYRNA, GA
30080-2006
Phone: 770-436-3900

San José Mexican Grocery
3177 WASHINGTON RD
AUGUSTA, GA
30907-3835
Phone: 706-869-0330
San José Mexican Store
114 MARKET SQ
CARTERSVILLE, GA
30120-2854
Phone: 770-386-1913

ILLINOIS

Mexican Store, The
1029 PLEASANT ST
DEKALB, IL
60115-3501
Phone: 815-787-7803
Sanchez Mexican Groceries
612 W FAYETTE AVE
EFFINGHAM, IL
62401-2410
Phone: 217-342-3018

INDIANA

Mamá Inés Mexican Bakery
2474 E WABASH ST
FRANKFORT, IN
46041-9429
Phone: 765-656-1441
Nancy's Mexican Grocery
102 E 4 TH ST
MONON, IN
47959-0037
Phone: (219) 253-1614
Raza Mexican Market, La
3749 W WASHINGTON ST
INDIANAPOLIS, IN
46241-1526
Phone: 317-243-3011

IOWA

Chiquita Mexican Store, La
301 E 4TH ST
WATERLOO, IA
50703-4703
Phone: 319-235-2947
Raul's Mexican Store
1541 E GRAND AVE
DES MOINES, IA
50316-3542
Phone: 515-265-3219

KENTUCKY

Alondra Mexican Store
1035 WASHINGTON ST
HENDERSON, KY
42420-3762
Phone: 270-830-7130
Chiquita Mexican Grocery Store, La
4 GRANDVIEW DR
FRANKFORT, KY
40601-3223
Phone: 502-695-1520
Michoacana Mexican Grocery, La
823 WASHINGTON ST
SHELBYVILLE, KY
40065-1249
Phone: 502-647-7627

Paloma Mexican Store, La
211 N DIXIE BLVD
RADCLIFF, KY
40160-1328
Phone: 270-351-8808
Fax: 270-351-8842

LOUISIANA

Río Grande Mexican Restaurant, El
8334 AIRLINE HWY
BATON ROUGE, LA
70815-8113
Phone: 225-926-1348

MARYLAND

Lily's Mexican Market
37 E MAIN ST
WESTMINSTER, MD
21157-5006
Phone: 410-848-1100
Potosina Mexican Grocery, La
3309 ANNAPOLIS RD
BALTIMORE, MD
21230-3404
Phone: 410-355-4414

MASSACHUSETTS

Cinco de Mayo Mexican Food Corp.
139 WINNISIMMET ST
CHELSEA, MA
02150-2745
Phone: 617-889-3505

MICHIGAN

Frontera Mexican Products, La
5852 S MARTIN LUTHER KING JR BLVD
LANSING, MI
48911-3553
Phone: 517-393-0202
Gabriela's Mexican Market
2111 S BURDICK ST
KALAMAZOO, MI
49001-6124
Phone: 269-345-4229
Mexican Market
1956 PORTAGE ST
KALAMAZOO, MI
49001-3834
Phone: 269-373-9037
Perla Grocery Mexican Store, La
1040 S PENNSYLVANIA AVE
LANSING, MI
48912-1661
Phone: 517-377-0917
Santa Fé Mexican Market
981 BUTTERNUT DR
HOLLAND, MI
49424-1552
Phone: 616-738-0920
Vencedora Mexican Groceries, La
1961 DIVISION AVE S
GRAND RAPIDS, MI
49507-2460
Phone: 616-245-6640

MINNESOTA

Gallo Mexican Grocery, El

1831 24TH ST NW
ROCHESTER, MN
55901-7923
Phone: 507-529-1309
Joseph's Mexican and Lebanese Market
736 OAKDALE AVE
SAINT PAUL, MN
55107-3123
Phone: 651-228-9022
Mexican Delights
69 E MINNESOTA ST
LE CENTER, MN
56057-1501
Phone: 507-357-6642

MISSOURI

Carlito's Mexican Food
2027 W KANSAS ST
LIBERTY, MO
64068-1961
Phone: 816-792-2925
Carlito's Mexican Food
11541 E 63RD ST
RAYTOWN, MO
64133-5431
Phone: 816-358-5232
John's Mexican Villa
VILLAGE GREEN SHOPPING
SIKESTON, MO
63801
Phone: 573-472-0802
Pachuca Mexican Bakery
930 N GLENSTONE AVE
SPRINGFIELD, MO
65802-2122
Phone: 417-864-8301
Palmas Mexican Bakery
4018 WOODSON RD
SAINT LOUIS, MO
63134-3707
Phone: 314-426-5132
Rojo's Mexican Food
2202 N BLUFF ST
FULTON, MO
65251-2705
Phone: 573-642-1018

NEBRASKA

Nina's Mexican Groceries
4901 S 24TH ST
OMAHA, NE
68107-2706
Phone: 402-733-0737
Sam's Leon Mexican Supplies
5014 S 20TH ST
OMAHA, NE
68107-2925
Phone: 402-733-3809

NEVADA

Barca Mexican Store, La
10603 STEAD BLVD
RENO, NV
89506-1827
Phone: 775-677-7900

NUEVA JERSEY

Best Mexican Deli and Grocery

19 MAIN ST # B
BUTLER, NJ
07405-1005
Phone: 973-283-2941
Ideal Mexican Bakery, La
75 MARKET ST
PASSAIC, NJ
07055-7548
Phone: 973-574-7733
Jarochita Mexican Wholesale
115 S BLACK HORSE PIKE
BELLMAWR, NJ
08031-2304
Phone: 856-931-2232
Oaxaca Grocery
284 QUEEN ANNE RD
TEANECK, NJ
07666-3265
Phone: 201-836-6002
Paso Mexican Grocery, El
46 W PALISADE AVE
ENGLEWOOD, NJ
07631-2708
Phone: 201-567-3201
Ranchero Mexican Deli, El
350 OAK ST
PERTH AMBOY, NJ
08861-4039
Phone: 732-324-4213
Sarita's Mexican Foods
64 DAYTON AVE
PASSAIC, NJ
07055-7006
Phone: 973-778-7111
Xoyatla Mexican Grocery Store
1437 ROUTE 9
TOMS RIVER, NJ
08755-4040
Phone: 732-244-3519

NUEVA YORK

Hidaleo Mexican Food
3011 29TH ST
ASTORIA, NY
11102-2563
Phone: 718-274-6936
Montalvo's Mexican Deli and Grocery
604 MIDLAND AVE
STATEN ISLAND, NY
10306-5926
Phone: 718-351-3946
Vivaldo's Mexican Grocery Deli
100 DRAKE AVE
NEW ROCHELLE, NY
10805-1507
Phone: 914-712-9229

OAKLAND

Durango Mexican Store
1818 W MAIN ST
NORMAN, OK
73069-6454
Phone: 405-292-4125
Gonzáles Mexican Marketplace Imports
230 W 12TH ST
ADA, OK
74820-6404

Phone: 580-272-0110
Tunya's Mexican Market
506 E 1ST ST
HEAVENER, OK
74937-3204
Phone: 918-653-7814

OHIO

Azteca Mexican Grocery Store
4357 MONTGOMERY RD
NORWOOD, OH
45212-3134
Phone: 513-631-5111
Michoacana Mexican Market, La
2175 MORSE RD
COLUMBUS, OH
43229-5800
Phone: 614-471-4500
Michoacana Mexican Market, La
3881 CLEVELAND AVE
COLUMBUS, OH
43229-5800
Phone: 614-858-2700
Michoacana Mexican Market, La
3629 SULLIVANT AVE
COLUMBUS, OH
43229-5800
Phone: 614-274-2800
Michoacana Mexican Market, La
166 S HAMILTON
COLUMBUS, OH
43229-5800
Phone: 614-863-3400
Michoacana Mexican Market, La
939 E DUBLIN-GRAINVILLE RD
COLUMBUS, OH
43229-5800
Phone: 614-436-5900

OREGON

Annex Mexican Food Company
3211 NE 82ND AVE
PORTLAND, OR
97220-5229
Phone: 503-257-9405
Daisy's Mexican Bakery
1648 CLAY ST NE
SALEM, OR
97301-1952
Phone: 503-587-8842
Daisy's Mexican Bakery
1436 MAIN ST
SPRINGFIELD, OR
97477-4921
Phone: 541-747-4226
Laura & Daisy's Mexican Bakery
440 PINE ST NE
SALEM, OR
97303-6716
Phone: 503-315-8544

PENNSYLVANIA

Cuñado Mexican Food Store, El
1160 NEWARK RD
TOUGHKENAMON, PA
19374-1032
Phone: 610-268-1101
Guadalupana Mexican Store
2138 LINCOLN WAY E

CHAMBERSBURG, PA
17201-6312
Phone: 717-352-8005
Jalisco Mexican Store
925 GREEN ST
READING, PA
19604-2733
Phone: 610-320-9040
Lupita's Mexican Market
700 SWEDE ST
NORRISTOWN, PA
19401-3978
Phone: 610-272-4616
Nayarit Mexican Food Store
520 S UNION ST STE D
KENNETT SQUARE, PA
19348-3348
Phone: 610-444-3412
Puente Mexican Store, El
431 N 6TH ST
READING, PA
19601-3009
Phone: 610-372-7122
Rincón Mexican Store, El
209 LINCOLN WAY E
NEW OXFORD, PA
17350-1212
Phone: 717-624-3505
Sandobal Mexican Grocery Store
1101 CARLISLE RD
BIGLERVILLE, PA
17307-9445
Phone: 717-677-9029
Tepehuague Mexican Groceries, El
446 LANCASTER AVE STE 14
FRAZER, PA
19355-1818
Phone: 610-644-4214

TENNESSEE

Azteca Mexican Bakery, La
411 ALEXANDER DR
FRANKLIN, TN
37064-2424
Phone: 615-599-9422
Flor Mexican Bakery, La
4809 NEWCOM AVE
KNOXVILLE, TN
37919-5129
Phone: 865-588-7633
Labamba Mexican Grocery
480 WILEY PARKER RD
JACKSON, TN
38305-2223
Phone: 731-660-9034
Lupita Mexican Store, La
114 N A ST
LENOIR CITY, TN
37771-2932
Phone: 865-986-3525
Osvaldo's Mexican Market
805 W JACKSON ST
COOKEVILLE, TN
38501-5940
Phone: 931-520-8813

TEXAS

Acapulqueña Mexican Food, La
2706 SAMUELL BLVD

DALLAS, TX
75223-1703
Phone: 214-828-0509
Adam's Mexican Food Products
15938 S FRNT
LA COSTE, TX
78039
Phone: 830-985-3333
Aldava's Mexican Imports
506 N GRAND AVE
GAINESVILLE, TX
76240-4326
Phone: 940-665-2714
Azteca Mexican Imports
514 W COMMERCE ST STE E7
SAN ANTONIO, TX
78207-8122
Phone: 210-212-9233
Casita Mexican Products, La
7120 CANAL ST
HOUSTON, TX
77011-2754
Phone: 713-926-1735
Fiesta Mexican Food Inc., La
1044 W WASHINGTON ST
STEPHENVILLE, TX
76401-4802
Phone: 254-965-7400
Hernández Mexican Food
2120 ALAMO ST
DALLAS, TX
75202-1201
Phone: 214-742-2533
Lupita's Mexican Bakery
406 N GULF BLVD
FREEPORT, TX
77541-4310
Phone: 979-233-0220
Mexicana Fruit and Meat Market, La
8501 LONG POINT RD
HOUSTON, TX
77055-2337
Phone: 713-827-0035
Mi Familia Mexican Food
602 S TREADAWAY BLVD
ABILENE, TX
79602-1755
Phone: 325-773-5144
Morelos Mexican Food
1730 S HIGH ST
LONGVIEW, TX
75602-2835
Phone: 903-758-4037
Ole Mexican Food Inc.
4300 WINDFERN RD
HOUSTON, TX
77041-8942
Phone: 713-939-7930
Poblanita Mexican Bakery, La
7800 SPRING VALLEY RD
DALLAS, TX
75254-2842
Phone: 972-233-3810
Reina Mexican Food, La
7649 N LOOP DR
EL PASO, TX
79915-2904
Phone: 915-779-1318
Reyes Mexican Food

1310 N JIM MILLER RD
DALLAS, TX
75217-1315
Phone: 214-398-6145
Tejano Mexican Food and Groceries, El
920 3RD ST
ROSENBERG, TX
77471-2606
Phone: 281-342-0138
Tía Rosy's Mexican Bakery
8751 HIGHWAY 6 S
HOUSTON, TX
77083-6467
Phone: 281-988-7400

VIRGINIA

Parian Mexican Store, El
717 INDEPENDENCE BLVD
VIRGINIA BEACH, VA
23455-6239
Phone: 757-557-0843

WASHINGTON

Huerta Mexican and Latin Market, La
405 E SMITH ST
KENT, WA
98030
Phone: 253-520-0198
Mexican Bakery
507 NOOKSACK AVE
LYNDEN, WA
98264-1662
Phone: 360-966-7213
Mexican Groceries
5423 PACIFIC AVE
TACOMA, WA
98408
Phone: (253) 472-2799
Mexican Grocery
1914 PIKE PL
SEATTLE, WA
98101-1013
Phone: (206) 441-1147
Mexican Grocery Store
17208 BOTHELL WAY NE STE D
BOTHELL, WA
98011
Phone: (425) 415-0922
Piñata Mexican Store, La
10604 E 16TH AVE
SPOKANE VALLEY, WA
99206-3420
Phone: 509-922-1118
Reyes Mexican Grocery Store, Los
17208 BOTHELL WAY NE
BOTHELL, WA
98011-1954
Phone: 425-415-0922
Río Grocery Store, Del
10230 16 TH AVE SW
Seattle, WA
98146
Phone: (206) 767-9102
Toritos Mexican Store, Los
8052 RAILROAD AVE SE
SNOQUALMIE, WA
98065
Phone: 425-888-2411

Internet

GourmetSleuth.com

Tienda especializada en venta de productos gourmet donde se puede conseguir diferentes tipos de chiles mexicanos secos o en conserva (como morita, de árbol, pasilla, chipotle, ancho, cascabel, ají, chihuacle, chiltepin, ajillo, mulato y habanero), cal, masa para preparar toritillas, masa para preparar tamales, masa de maíz azul, maíz seco, hojas de maíz, chocolate mexicano, cacao, canela, cajeta, epazote seco, jamaica, piloncillo, tamarindo (seco y en pasta), camarón seco, huitlacoche en lata, hojas de aguacate secas (se recomiendan como substituto de hoja santa), néctar de agave, semillas de cilantro, orégano y vainilla (sólo mexicana en extracto y saborizantes).

Casi todos los productos se pueden encontrar en: http://www.gourmetsleuth.com/subcat.asp?i=19 . Los que no aparecen se encuentran fácilmente con su buscador interno.

Envían productos dentro de EU (no sé si incluya Hawai o Alaska), a Canadá y a otros países. Los pedidos pueden ser hechos en su página o por teléfono.

GourmetSleuth.com
PO Box 508
Los Gatos, California
Voice: 408-354-8281
Fax: 408-395-8279

MexicanGrocer.com

Tienda especializada en comida y artículos de cocina mexicanos. Es una de las empresas más grandes que vende comida mexicana y funciona como distribuidor para muchas de las pequeñas y medianas empresas del mismo ramo en EU. Se puede encontrar en su tienda pasta de

achiote, huitlacoche, pico de gallo embotellado, piloncillo y una gran variedad de especias, chiles secos o embotellados y frijoles.

Todas sus ventas al menudeo son vía Internet, los envíos incluyen todo EU pero no Canadá.

www.mexicangrocer.com
MexGrocer.com
4060 Morena Blvd. Suite C
San Diego, CA 92117
Phone: (877) 463-9476
E-mail: info@mexgrocer.com

Asiamex

Vende productos mexicanos, chinos y del medio oriente. Tapioca enlatada, nopales envasados, tomates verdes enlatados, pistacho, semillas de girasol, etc.

www.asiamex.com

Casual Gourmet

No hay mucha variedad de productos pero se puede conseguir por Internet algunos quesos mexicanos, chocolate, huitlacoche, nopales embazados, chile, cajeta y otros productos.

http://www.casual-gourmet.com/gourmet_mall.htm

Casi todas las tiendas anteriores también venden molcajetes, molinillos de maíz y aplanadoras de tortillas manuales.

Specialty Cheese Company, Inc.

Tiene una línea especial de quesos latinos y del Caribe llamada "La Vaca Rica", se pueden pedir por teléfono y los precios están en su página web.

Al parecer sus quesos se venden en tiendas naturistas y especializadas en alimentos de

bajos carbohidratos. También en tiendas como Safeway, Randall's,, Tom Thumb y Genandi's. En el sureste se venden bajo la marca "El Venadito" y están disponibles en tiendas como Publix, Albertsons, Winn-Dixie y Sedanno's. En el Noreste se venden bajo el nombre de "Las Tres Carabelas" y se pueden conseguir en cadenas como Shoprite, Solans, A&P; mientras que en el suroeste se venden en Kroge y Fiesta.

Manejan queso blanco, queso blanco con frutas, Panela, queso fresco, queso para freír (¿?), queso para quesadilla (supongo que manchego), Asadero, Jalapeño, Media Luna, Cotija, Añejo enchilado y Duroblando.

To Order Fresh Cheese Using Visa or MasterCard, call 1-800-367-1711 x22
(Note: prices do not include shipping)
To Order JTC call 1-800-873-1710 x41
http://www.specialcheese.com/orders.htm#pl_lvr

Mexican Cheese Producers

Su principal línea "La Chona" es de quesos exclusivamente mexicanos, al parecer se pueden encontrar sus productos en supermercados y tiendas de abarrotes. Pero no menciona nombres ni venden productos en su página. Su línea incluye Asadero, Cotija, Enchilado, Fresco, Oaxaca, Panela y Quesadilla.

Su información para venta es:
Midwest 630-279-8600
jose@dqmonline.com
Nacional 608-354-7732
pete.buol@mexican-cheese.com

http://mexican-cheese.com/lachona.html

Rivenrock Gardens

Productores norteamericanos de nopales orgánicos, sólo ofrecen su producto a partir de primavera hasta finales de año. Precios en: http://www.rivenrock.com/ediblecactus.htm

Se localizan en California. Compra por Internet.

Nopal Trade

Sitio de Temixco, Morelos que vende nopal fresco y en polvo al extranjero. Sólo venden el polvo al menudeo, el fresco se manda sólo a la Ciudad de México y a su distribuidor de Phoenix, Arizona (que no dice quién es). El mínimo de compra es de 18 kilos.

http://www.nopaltrade.com